Contratos Agrários Agroindustriais

ANÁLISE À LUZ DA TEORIA DOS CONTRATOS ATÍPICOS

Contratos Agrários Agroindustriais

ANÁLISE À LUZ DA TEORIA DOS CONTRATOS ATÍPICOS

2017

Francisco de Godoy Bueno

CONTRATOS AGRÁRIOS AGROINDUSTRIAIS
Análise à Luz da Teoria dos Contratos Atípicos
© Almedina, 2017

AUTOR: Francisco de Godoy Bueno
DIAGRAMAÇÃO: Almedina
DESIGN DE CAPA: FBA
ISBN: 978-858-49-3260-3

Dados Internacionais de Catalogação na Publicação (CIP)
(Câmara Brasileira do Livro, SP, Brasil)

Bueno, Francisco de Godoy
Contratos agrários agroindustriais : análise à luz
da teoria dos contratos atípicos / Francisco de Godoy
Bueno. -- São Paulo : Almedina, 2017.

Bibliografia.
ISBN 978-85-8493-260-3

1. Agronegócios - Brasil 2. Contratos agrários -
Brasil 3. Contratos agrários - Leis e legislação –
Brasil I. Título.

17-10112   CDU-349.42(81)

Índices para catálogo sistemático:

1. Brasil : Contratos agrários agroindustriais :
Direito agrário 349.42(81)

Este livro segue as regras do novo Acordo Ortográfico da Língua Portuguesa (1990).

Todos os direitos reservados. Nenhuma parte deste livro, protegido por copyright, pode ser reproduzida, armazenada ou transmitida de alguma forma ou por algum meio, seja eletrônico ou mecânico, inclusive fotocópia, gravação ou qualquer sistema de armazenagem de informações, sem a permissão expressa e por escrito da editora.

Novembro, 2017

EDITORA: Almedina Brasil
Rua José Maria Lisboa, 860, Conj. 131 e 132, Jardim Paulista | 01423-001 São Paulo | Brasil
editora@almedina.com.br
www.almedina.com.br

Aos meu pais, pela inspiração:
Meu pai, exemplo de trabalho e perseverança;
Minha mãe, exemplo de amor e caridade.

PREFÁCIO

O contrato é, no mais das vezes, instrumento jurídico que regula operações econômicas. Trata, portanto, sobretudo de relações patrimoniais e, em alguma medida, disponíveis.

Partindo-se dessa premissa, há de se reconhecer que, ao surgirem novas operações econômicas, frutos de também novas práticas de consumo, de atividades empresariais antes não relevantes, do desenvolvimento tecnológico, das regras impostas pelo Poder Público, é natural que, com o passar do tempo, figuras contratuais antes inexistentes apareçam, buscando-se, através delas, estabelecer parâmetros para a valoração e interpretação de tais novidades.

Atividade empresarial e contrato, portanto, têm uma relação próxima. Em geral, o fato econômico surge e, com o passar do tempo, a sua relevância impõe um regramento jurídico eventualmente original e distinto do que anteriormente existia.

Ao estudioso do Direito caberá, assim, reconhecer a presença de fenômenos que são, em sua essência, extrajurídicos, aquilatando a sua relevância. Reconhecida a importância de uma nova relação econômica, a consequência então será a de buscar, sob as regras jurídicas, compor os interesses daí em confronto, estabelecer previsibilidade, prevenir disputas. Esses são papéis do contrato.

Em determinados ramos do Direito, ademais, a vivência negocial e a compreensão da lógica econômica são ainda mais importantes. O contrato não deverá ser um obstáculo à livre iniciativa e à livre concorrência, nem ao imperativo que impõe racionalidade na equação entre os meios e recursos empregados e os resultados apropriáveis pelo empresário e pela sociedade como um todo.

Pelo contrário, é a partir da ideia de que uma atividade econômica útil deva ser preservada e incentivada que se insere a lógica das cláusulas contratuais, preservando tal atividade de distorções e de desvios prejudiciais.

Regras de experiência, pois, valem muito para a garantia não apenas da conservação da finalidade útil dos contratos, como também para a criação de novos tipos que respondam a novas realidades econômicas e negociais.

Nesse cenário é que se coloca, segundo penso, a obra de FRANCISCO DE GODOY BUENO, *Contratos Agrários Agroindustriais – Análise à Luz dos Contratos Atípicos.*

O autor se formou pelas Arcadas e lá iniciou os seus estudos em pós-graduação. Com esta obra obteve o título de *Mestre* pelo Departamento de Direito Civil. Durante esse processo, manteve-se em contato permanente com a Academia, assistindo aulas, realizando estudos, auxiliando novos alunos no curso de graduação. Cumpriu, enfim, o que se espera daqueles que se dispõem a conservar vínculos com a Faculdade que nos educou.

Esse processo permitiu que o autor completasse, de modo seguro, um ciclo. Empreendeu, nesse sentido, os estudos sobre um tema que impõe, por assim dizer, a *verticalização* da pesquisa, ou seja, o foco estrito sobre uma realidade nova, a ser reconhecida e analisada sob as regras do Direito.

Tal realidade é a dos contratos agroindustriais. Decorrem eles, sobretudo, do avanço tecnológico, dos novos métodos de produção, da evolução qualitativa e quantitativa de sua importância e dos valores envolvidos em tais atividades.

Está aí a operação econômica. E o contrato? No caso, para ele não houve ainda a atenção do legislador, inexistindo regras específicas, suficientemente completas e organizadas, para regular a nova realidade que se impõe, cada vez mais, na empresa agrária do Brasil.

Falta a legislação, mas isso não impede o reconhecimento do fenômeno e a possibilidade de sua análise sistemática. É o que fez o autor, com segurança.

Assim, observa-se na obra, inicialmente, a análise da relação necessária entre empresa, contrato e os elementos orientadores do Direito Agrário, com suas especificidades na produção, decorrentes do condicionamento imposto, em especial, pelos imperativos relacionados ao ciclo biológico.

Posteriormente, relacionou o autor essa nova realidade com o que existe do ponto de vista de contratos típicos e da legislação vigente, indicando, desde então, a insuficiência de nosso atual regramento jurídico da matéria.

Em seguida, tratou da operação econômica com a permissão fundamental da livre contratação – inclusive atípica, portanto – e também com os contratos já descritos em lei, procurando daí extrair elementos para uma interpretação coerente.

Por fim, partindo do geral ao mais específico, analisou o autor exemplos e situações concretas de atividades empresariais reguladas por contratos agroindustriais, procurando estabelecer parâmetros para a correta análise das questões que daí surgem e as respostas que já existem em nosso ordenamento jurídico.

O mérito do autor – além da pesquisa séria e da coerência na estruturação do seu texto – está também na sua condição de avaliar não apenas o instituto jurídico do contrato agroindustrial, mas sobretudo a realidade econômica no qual se insere e que tem sido modificada grandemente nas últimas décadas.

Enfim, a obra que tenho o privilégio de prefaciar reafirma a vocação da Faculdade de Direito do Largo São Francisco em contribuir de modo decisivo para a doutrina brasileira do Direito Agrário, o que fez, com todos os méritos, FRANCISCO DE GODOY BUENO.

FERNANDO CAMPOS SCAFF
Professor Titular da Faculdade de Direito da Universidade de São Paulo – Largo São Francisco

AGRADECIMENTOS

O presente trabalho é resultante da minha dissertação de mestrado em Direito e do engajamento nas atividades do Grupo de Estudos Agrários – GEA/USP, do qual tenho a honra de ter participado com incentivo do meu orientador, o Professor Titular Dr. Fernando Campos Scaff. Agradeço ao Professor Scaff pela orientação neste trabalho e pelo seu sempre inspirador exemplo de conduta ilibada e compromisso com a atividade acadêmica e com a Faculdade de Direito da USP.

Nas pessoas dos presidentes, Sr. Gustavo Diniz Junqueira, Sra. Elizabeth de Carvalhaes e Sra. Elizabeth Farina, agradeço a todos que compartilharam comigo experiências no âmbito da Sociedade Rural Brasileira, da Ibá-Indústria Brasileira de Árvores e da UNICA – União da Indústria da cana-de-açúcar, entidades com as quais tive a honra de contribuir durante os últimos anos, sempre buscando na fonte a compreensão das questões do agronegócio brasileiro. Essa experiência foi fundamental para a realização deste trabalho. Essa experiência foi fundamental para a realização desta dissertação.

Agradeço ao meu sócio, confessor e leal amigo, Dr. Gastão Mesquita Filho, por ter me incentivado e permitido que minha necessária ausência fosse pouco notada na excelente prestação de serviços aos clientes do Bueno, Mesquita e Advogados. Na sua pessoa, agradeço também a todos os nossos colegas e dedicados assistentes, funcionários e estagiários que também contribuíram para esta pesquisa, especialmente à Dra. Nina Chaim Meloni, que se dedicou à revisão deste trabalho com exímia presteza.

Agradeço à minha sempre companheira, Camila Ferraz de Andrade Corona, que compreendeu minha ausência e me incentivou, passando ao meu lado sábados, domingos e feriados dedicados aos estudos e à redação da obra.

Agradeço à minha Mãe, pela inspiração e exemplo de carreira acadêmica, bem como pela detida revisão do trabalho e valiosas contribuições para o resultado final desta dissertação.

SUMÁRIO

INTRODUÇÃO 17

CAPÍTULO 1 – Elementos do Direito Agrário Moderno 25
1.1. A Agrariedade como elemento qualificador do Direito Agrário 25
1.2. A empresa agrária como elemento central do Direito Agrário 28
    1.1.1. A empresa agrária no direito brasileiro 34
    1.1.2. A superação do conceito de empresa rural estabelecido no Estatuto da Terra 36
1.2. O sistema Agroindustrial como resultado da organização do Direito Agrário 41
1.3. O direito agrário e o direito do agronegócio proposto no PL 1.572/2011 (Novo Código Comercial) 43

CAPÍTULO 2 – Contratos Agrários e Contratos Agroindustriais: Delineamentos Jurídicos 47
2.1. Os contratos agrários: uma categoria à luz da agrariedade 47
2.2. Os contratos agrários agroindustriais: delineamentos gerais 56
2.3. Os contratos agroindustriais no contexto internacional 63
2.3. Os contratos agroindustriais no Brasil e a Lei nº 13.288/2016 72

CAPÍTULO 3 – Teoria Geral dos Contratos Atípicos e sua Aplicação aos Contratos Agroindustriais 75
3.1. A fonte do regulamento contratual como elemento para a definição da atipicidade contratual 75

3.2. A unicidade de causa como elemento aglutinador
dos contratos atípicos 79
3.3. A importância da função social do contrato para determinar
o regulamento contratual 85
3.4. O interesse relevante (causa) dos contratos agroindustriais
no âmbito do SAG 97
3.5. A função alocativa dos contratos e os contratos
agroindustriais 109
3.6. Os contratos agroindustriais à luz da categoria
dos contratos relacionais 113

CAPÍTULO 4 – Os Contratos Agroindustriais
e sua Relação com os Contratos Típicos 119
4.1. A influência do regulamento típico sobre os contratos mistos
e a especificidade dos contratos agroindustriais 119
4.2. Os elementos típicos e o regulamento contratual
dos contratos agroindustriais 130
4.3. Os contratos agroindustriais e os contratos agrários *strictu sensu:* parceria e arrendamento rural 134
4.4. A função agrária das cláusulas obrigatórias do Estatuto
da Terra e sua influência sob o regulamento
dos contratos agrários 144
4.5. Os contratos agroindustriais e a categoria
dos contratos assimétricos 151
4.6. A integração vertical e o controle antitruste dos contratos
associativos 154

CAPÍTULO 5 – Contratos Agroindustriais de Integração Vertical:
Análise das Obrigações Estabelecidas
na Lei nº 13.288/2016 à Luz dos Elementos
do Direito Agrário Atual 163
5.1. O conteúdo mínimo dos contratos agroindustriais 163
5.3. O Documento de Informação Pré-Contratual (DIPC)
e o Relatório de de Informações de Produção Integrada (RIPI) 171
5.4. As CADECs e os FONIAGROs: controle corporativo
dos contratos de integração vertical 175

5.5. A solução de controvérsias entre integradores e integrados   178
5.6. A responsabilidade do integrador pelas infrações ambientais de descumprimento da função social da propriedade pelo integrado   185
5.7. A responsabilidade do integrador pelo cumprimento da legislação trabalhista e a problemática da terceirização   192

CONSIDERAÇÕES FINAIS   199

REFERÊNCIAS   203
ÍNDICE   211

Introdução

Ao estudar a história agrária romana, WEBER correlaciona o regime jurídico das terras agricultáveis com a mudança do eixo de colonização do império romano, das relações ultramar para as conquistas territoriais[1]. De fato, no período pré-clássico, passou a ser permitido o gozo dos *ager publicus* por particulares, a quem essas terras eram outorgadas pelos monarcas para o desenvolvimento da agricultura. A possibilidade de proteção pretoriana dessas posses por meio dos interditos é que mais tarde possibilitou o desenvolvimento da proteção possessória[2], até hoje um dos principais institutos do direito privado.

O exemplo demonstra a importância da agricultura para o desenvolvimento dos sistemas jurídicos civilizados. Preservar a atividade agrária e permitir o seu desenvolvimento sempre foi, e continua sendo, um objetivo a ser perseguido pelo ordenamento jurídico. Ocorre que, se na antiguidade a preservação da posse das terras era o fundamental para preservar a agricultura, atualmente o objetivo do direito agrário emancipou-se da perspectiva estática do direito fundiário para adotar uma perspectiva dinâmica, de preservação da atividade agrária.

---

[1] WEBER, Max. *História Agrária Romana*. Tradução de Eduardo Brandão. São Paulo: Martins Fontes, 1994, p. 6.
[2] MARKY, Thomas. *Curso elementar de Direito Romano*. 8ª ed. São Paulo: Saraiva, 1995, p. 77.

Não há dúvida de que a dominação das técnicas de agricultura é um dos principais fatores de evolução e de agregação dos seres humanos em comunidades, desde os primórdios até as civilizações modernas. As relações humanas em torno da agricultura e, por conseguinte, a adequação das normas jurídicas que as regulamentam, são fatores essenciais para o progresso da humanidade. O direito da agricultura, ainda que fosse na antiguidade expressão do direito comum, do *ius civile*, distanciando-se muito das concepções forjadas pelo que hoje se conhece como direito agrário[3], sempre foi um elemento fundamental nos sistemas jurídicos e, diga-se, no sistema político. A atividade agrária, ainda que não reconhecida como tal antes da modernidade, foi fundamental para o desenvolvimento de diversos institutos jurídicos.

A concepção moderna, e cada vez mais necessária diante da complexidade das relações sociais e econômicas, é de que não basta garantir a segurança e o acesso à terra. A geração de riquezas e o bem-estar das populações não estão vinculados à propriedade dos meios de produção, à preservação da geração de riquezas por meio de uma rede complexa de relações econômicas.

Conforme estabelece SCAFF, a empresa agrária, não mais a propriedade rural, passa a ser o elemento essencial do direito agrário. Essa nova perspectiva permite ao direito agrário inserir-se no novo contexto da economia agropecuária e ir além dos limites do território rural. Segundo o autor, a ideia de empresa agrária corresponde a um postulado capaz de determinar um desenvolvimento sólido e estruturado dos imóveis rurais como bens de produção e da atividade que corresponde à agrariedade[4].

O direito agrário assimila, assim, a complexa realidade econômica do agronegócio, em que atividades urbanas e rurais se conectam, por seu vínculo, com a produção de produtos agropecuários e a geração de valor por meio da organização ótima dos meios de produção e a

---

[3] CARROZZA, Antonio; ZELEDÓN, Ricardo Zeledón. *Teoría general e institutos de derecho agrario*. Buenos Aires: Astrea, 1990, p. 6.

[4] SCAFF, Fernando Campos. A empresa e o direito agrário. *Revista de Direito Civil, Imobiliário, Agrário e Empresarial*, São Paulo, v. 15, nº 57, p. 58-63, jul./set. 1991.

celebração de contratos que garantem essa organização. As atividades vinculam-se ao direito agrário não mais em razão do lugar, mas da sua função e relação com a produção de vegetais e criação de animais. A agrariedade, conceito central dessa relação, passa a ser o elemento fundamental a ser considerado nos institutos do direito agrário.

A consideração do ciclo agrobiológico não incide sobre os institutos para criar um novo sistema de direitos e obrigações. Por meio da vinculação com o fato técnico, o direito agrário identifica uma vinculação necessária entre a agrariedade e as relações jurídicas, cuja especificidade importa um regime jurídico especial, mas não autônomo, em relação às estruturas tradicionais do direito privado. Essa dinâmica torna-se absolutamente imprescindível na consideração dos contratos agrários, para os quais se devem estabelecer critérios interpretativos sem perder de vista as regras gerais estabelecidas no Código Civil, mas garantindo uma especialidade própria vinculada ao ciclo agrobiológico subjacente à relação jurídica estabelecida pelas partes contratantes[5].

Como se reconheceu no Global Agribusiness Forum[6], organizado pela Sociedade Rural Brasileira, o agronegócio tem se caracterizado não apenas como uma atividade exercida no meio rural, mas também como uma rede de negócios que integra atividades organizadas de fabricação e fornecimento de insumos, produção, processamento, beneficiamento e transformação, comercialização, armazenamento, logística e distribuição de bens agrícolas, pecuários, de reflorestamento e aquicultura, *in natura* e processados, bem como seus subprodutos e resíduos de valor econômico que, por sua vez, demandam uma estrutura jurídica adequada para assimilar sua especialidade.

Essa complexidade tem sido fundamental para atender as demandas da civilização humana. Diferentemente das previsões malthusianas mais pessimistas, ao integrar tecnologia e profissionalidade

---

[5] SALARIS, Fernando. Problematiche dell'interpretazione dei contratti agrari. *Rivista di Diritto Agrario*, Milano, v. 74, nº 1, p. 47, genn./marz. 1995.
[6] GLOBAL AGRIBUSINESS FÓRUM 2014. *Consenso do Agronegócio*. Disponível em <http://www.globalagribusinessforum.com/consenso-do-agronegocio>. Acesso em 15.09.2014.

às atividades agrárias, o agronegócio vem demonstrando capacidade de reinventar-se, promovendo saltos de produtividade e qualidade suficientes para atender às demandas globais crescentes por alimentos, fibras e energias renováveis. Os ganhos de escala de produção são, ainda, qualificados por uma crescente agregação de valor aos produtos agropecuários que passam a ser oferecidos aos mercados consumidores por meio de cadeias de produções integradas, de fornecedores de insumos, produtores, processadores, distribuidores e comerciantes.

A partir da complexa realidade acima mencionada, identificam-se os Sistemas Agroindustriais (SAGs) – conjunto organizado dessa cadeia de relações econômicas, jurídicas e sociais no qual se realiza a agrariedade, elemento fundamental para o Direito Agrário[7]. Do ponto de vista jurídico, as cadeias e redes de produção identificadas pelos SAGs estabelecem-se por meio de uma rede de contratos, especialmente de contratos agrários, em que proprietários, empresas e consumidores se obrigam e se comprometem a financiar, produzir, fornecer, processar e comercializar produtos agropecuários, seus insumos, produtos e subprodutos.

Tradicionalmente, o SAG se resume a um conceito econômico-social que identifica o fenômeno de organização coordenada de cadeias produtivas. Esses sistemas, no entanto, nem sempre têm correspondência jurídica. Muitos SAGs são organizados por meio de relações jurídicas autônomas e independentes, estabelecidas por contratos que correspondem a interesses econômicos de cada um dos setores envolvidos, se se pressupuser uma abordagem integrada entre produção e processamento.

No presente trabalho, o enfoque se dará a uma realidade distinta que se faz cada vez mais importante para o agronegócio moderno: a da integração vertical, estabelecida por meio de contratos agroindustriais. Esses contratos cumprem a função de estabelecer um vínculo de integração dos agentes do SAG, criando um vínculo jurídico coor-

---

[7] CARROZZA, Antonio; ZELEDÓN, Ricardo Zeledón. *Teoría general e institutos de derecho agrario*. Buenos Aires: Astrea, 1990, p. 64.

denado entre produção, processamento e comercialização. Trata-se de um contrato que, embora mantenha seu vínculo com a agrariedade, destaca-se por fazer a conexão do mundo rural, onde a empresa agrária realiza a sua atividade, com o mundo urbano, onde os produtos agropecuários adquirem valor agregado pela transformação agroindustrial e acesso a mercados por meio da integração vertical dos produtores na cadeia agroindustrial.

Por corresponderem a uma realidade cada vez mais frequente do agronegócio, os contratos agrários agroindustriais vêm recebendo destaque em diversos estudos, seja no meio econômico e social, seja no meio jurídico. Recentemente, ainda, a sua disciplina ganhou contornos expressos com a edição, em 16 de maio de 2016, da Lei nº 13.288/16, que estabeleceu regras expressas para as relações de integração vertical nas atividades agrossilvipastoris[8].

Não obstante a sua tipicidade social, nominação jurídica e reconhecimento legal, é forçoso reconhecer que não há um regime único aplicável aos contratos agroindustriais. Nesses contratos, a diversidade de regulamentos contratuais é essencial. Em primeiro lugar, pela sua função de estabelecer uma governança entre agentes econômicos de um sistema agroindustrial. Em segundo lugar, pela sua necessária relação com a agrariedade, que implica uma adaptação dos contratos a cada uma das culturas que se torna incompatível com o estabelecimento de um único modelo contratual pelo legislador.

Dessa forma, os contratos agrários agroindustriais devem ser analisados sob o princípio da atipicidade, essencial ao direito dos contratos, em que os limites da atuação das partes são indefinidos[9]. São contratos que dependem da autonomia privada, em que as partes, para adequadamente organizar a sua atividade empresarial, possam exercer a liberdade de contratar, ou seja, decidir se o contrato será celebrado ou não; escolher a contraparte do contrato; determinar o

---

[8] Atividades agrossilvipastoris englobam, segundo estabelecido expressamente na legislação, as atividades de agricultura, pecuária, silvicultura, aquicultura, pesca ou extrativismo vegetal (Lei nº 13.288/16 – Art. 2º, V).
[9] ROPPO, Vicenzo. *Diritto Privato*. 4ª ed. Torino: G. Giappichelli, 2014, p. 425.

conteúdo do contrato; celebrar um contrato atípico, não sujeito a um regulamento pré-estabelecido pelo legislador[10].

É possível afirmar que os contratos agrários agroindustriais são aqueles que definem o regulamento da relação jurídica estabelecida entre o produtor rural e a agroindústria. Mesmo com todo o reconhecimento social e legislativo, no entanto, é impossível definir *ex ante* o seu regulamento contratual. Nesse sentido, é inegável que os arranjos empresariais possíveis nessa relação são tão diversos que, mesmo ao legislador mais eficiente, seria impossível pré-estabelecer um único regulamento para os sistemas de integração vertical na agropecuária que se adaptasse a todos os sistemas agroindustriais.

A organização dos SAGs e, por conseguinte, a celebração dos contratos agroindustriais representa campo fértil de aplicação do princípio da livre iniciativa, garantido pela Constituição Federal como um dos fundamentos da República (Art. 1º, IV) e que, na perspectiva do direito privado, resulta na autonomia contratual. Esse dispositivo constitucional torna legítimo que as empresas agrárias e as empresas agroindustriais se organizem sem amarras para buscar a eficiência ótima dos seus processos produtivos, buscando, pela via organizacional, vantagens competitivas. Cada um desses arranjos dependerá de um diferente regulamento contratual.

Os contratos agroindustriais devem ser adequados a cada um dos sistemas agroindustriais que pretende regular. A especificidades de cada cultura, de cada criação e de cada atividade agrária que de ne os sistemas agroindustriais também importarão em múltiplos arranjos contratuais. Naturalmente, o mesmo regulamento contratual não servirá para a integração econômica em diferentes SAGs, sendo essencialmente diferentes as normas aplicáveis e justificáveis em sistemas de horticultura, fruticultura, agricultura de culturas anuais e de culturas perenes, pecuária de pequenos e grandes animais, para criação, corte, leite e biotecnologia, silvicultura de florestas plantadas e de florestas nativas, para extração de fibras, de madeira e de essências, e das múltiplas atividades que podem se enquadrar como atividades

---

[10] Ibidem, p. 424.

agrárias em função da relação dos sujeitos com os ciclos agrobiológicos.

Os contratos agroindustriais devem se estabelecer à luz da agrariedade e do ciclo agrobiológico da atividade agrária pressuposta na integração entre as suas partes e de forma a garantir a eficiência ótima da organização da atividade de cada uma das empresas, sob pena de expor as partes a riscos e responsabilidades contratuais não consentidos, o que contraria o princípio da autonomia privada.

No direito agrário tradicional, ligado aos preceitos fundiários vinculados ao cumprimento da função social da terra, o reconhecimento dos contratos agrários atípicos sempre foi motivo de debates. De fato, a terra, como bem de produção de interesse comum, jamais esteve inteiramente sujeita à plena autonomia da vontade. A mesma restrição não se pode aplicar, por outro lado, à organização da atividade empresarial. A integração entre empresas agrárias e industriais deverá ser sempre entendida e analisada como consequência da liberdade de iniciativa e, sendo assim, o pano de fundo dos contratos agroindustriais é a liberdade de contratar.

O objetivo do presente trabalho é demonstrar a importância desses pressupostos para a adequada interpretação e integração dos contratos agrários agroindustriais. Em primeiro lugar, a necessidade de sua adequação à agrariedade e ao ciclo agrobiológico. Em segundo lugar, a sua dependência em relação à autonomia privada e à necessidade de preservação desta autonomia para que se cumpra a função social própria desses contratos.

Para a consecução desse objetivo, no primeiro capítulo, será estabelecido o referencial teórico do direito agrário moderno, demonstrando a importância da agrariedade como elemento qualificado dos institutos agrários, bem como da empresa agrária, como núcleo das relações agrárias e sua função nos sistemas agroindustriais.

No segundo capítulo, serão definidos os elementos dos contratos agrários, como categoria de contratos, bem como a importância de se compreender os contratos agroindustriais como uma espécie desses contratos. O foco desta parte do trabalho será estabelecer uma relação dos sistemas agroindustriais com a agrariedade, elemento qualificador dos institutos de direito agrário.

No terceiro capítulo, os elementos fundamentais do direito privado serão retomados como diretriz para estabelecer a disciplina jurídica dos contratos agroindustriais. Assim, serão apresentados os princípios da teoria geral dos contratos atípicos com vistas a estabelecer o regulamento contratual dos contratos agroindustriais à luz de sua função social própria no âmbito da agrariedade e dos sistemas agroindustriais.

No quarto capítulo, ainda sob a ótica da teoria geral do direito privado, serão estabelecidas as relações entre o regulamento contratual dos contratos típicos e o regulamento contratual dos contratos agroindustriais para, mais uma vez, evidenciar a especialidade desses contratos.

Estabelecidas, à luz da teoria geral, as bases gerais dos contratos agroindustriais, no quinto capítulo, as disposições mais importantes da Lei nº 13.286/2016 serão apresentadas no contexto dos capítulos anteriores, vinculando as obrigações estabelecidas pelo legislador aos princípios agrários e às características funcionais próprias dos contratos agroindustriais no âmbito dos SAGs.

Por fim, à guisa de conclusão, serão apresentadas considerações finais, com análise crítica da situação jurídica dos contratos agroindustriais e da importância do direito agrário para atender aos desafios do moderno agronegócio brasileiro, estabelecendo adequadas diretrizes de interpretação dos contratos agroindustriais.

Capítulo 1
Elementos do Direito Agrário Moderno

1.1. A Agrariedade como elemento qualificador do Direito Agrário
CARROZZA e ZELEDÓN definem que o direito agrário moderno é fruto de uma evolução da agricultura no seio do capitalismo, desenvolvido a partir das mudanças econômicas e sociais ocorridas na Europa após a Revolução Industrial, introduzindo a terra como instrumento de produção, junto com o capital e o trabalho. Essa nova concepção da função da terra na sociedade moderna divorcia-se dos critérios do Código de Napoleão, em que a propriedade da terra era entendida como bem de gozo e consumo. Com o capitalismo, a economia passa da realidade de subsistência à economia de mercado, com reflexos para a agricultura e, consequentemente, para o desenvolvimento do direito agrário[11].

O capitalismo trouxe rapidamente mudanças nas relações mercantis, possibilitando a criação, em primeiro lugar, do direito comercial; na agricultura, as transformações trazidas pelo capitalismo foram mais lentas, pelo que o direito agrário tardou a ser reconhecido como disciplina autônoma. Como as atividades agrícolas não eram consideradas atos de comércio e o fundo agrário sempre foi tratado simplesmente como objeto do direito de propriedade, o direito agrário continuou se resolvendo, no regime anterior, no direito civil[12].

---
[11] CARROZZA, Antonio; ZELEDÓN, Ricardo Zeledón. *Teoría general e institutos de derecho agrario*. Buenos Aires: Astrea, 1990, p. 11.
[12] Ibidem, p. 12.

As limitações do direito comum para os problemas da agricultura e o anseio de uma sistemática própria é que levaram, de fato, ao desenvolvimento de uma disciplina de direito agrário, inaugurada no início do século XX, com a criação da Revista de Direito Agrário, pelo mestre Giangastone Bolla. Esse movimento decorreu, segundo ZELEDÓN, da incapacidade de o Código Civil regular aspectos concretos do processo econômico[13].

De fato, o interesse de Bolla era que fosse possível passar do estudo da legislação agrária para um verdadeiro e próprio direito agrário, cujo objeto era definido como sendo o complexo de normas que regem as relações de agricultores, seja em relação ao solo cultivável, seja em respeito à sua relação com a administração pública[14]. A identidade do direito agrário não era, entretanto, consensual entre os agraristas, ficando célebre a distinção doutrinária de Irti, entre a escola técnica-econômica, que defendia a autonomia do direito agrário, conforme as lições de Bolla, e a escola jurídica, que defendia apenas a sua especialidade, sem autonomia, conforme defendia Arcangelli[15].

Na realidade, verificamos que a diferença entre as escolas supramencionadas é apenas de caráter epistemológico. Ao passo que a defesa da autonomia defendida por Bolla se ancorava na unidade econômica do fundo rústico, sobre o qual se modelam todas as relações jurídicas essenciais à atividade agrícola, Arcangelli se limitava a defender que não seria possível a identificação de princípios próprios e uma teoria geral suficiente para a criação de uma disciplina autônoma[16]. Ambas as correntes concordavam, no entanto, que as questões agrícolas importavam em preocupações que não são objeto do direito comum, o que justificaria uma disciplina jurídica própria, autônoma ou especial.

---

[13] ZELEDÓN, Ricardo Zeledón. *Sistemática del Derecho Agrario*. Mexico: Porrúa, 2002.
[14] GALLONI, Giovanni. *Commentario del codice civile Scialoja-Branca*. Francesco Galgano (a cura di). Bologna: Zanichelle, 2003, p. 3.
[15] CARROZZA, Antonio; ZELEDÓN, Ricardo Zeledón. *Teoría general e institutos de derecho agrario*. Buenos Aires: Astrea, 1990, p. 48.
[16] Ibidem, p. 55.

Foi apenas após a edição do Código Civil Italiano de 1942, com disposições específicas sobre o empresário agrário (Art. 2135[17]) e, posteriormente, com a morte de Bolla, que se possibilitou o surgimento de uma nova escola a conciliar as preocupações de autonomia e especialidade. Segundo CARROZZA e ZELEDÓN, a concepção de agrariedade permitiu o desenvolvimento da disciplina do direito agrário com o tecnicismo defendido por Bolla e a construção de uma teoria geral pela qual advogava Arcangeli[18]. Concebe-se, assim, uma noção extrajurídica do fenômeno agrário consistente no

> (...) desenvolvimento de um ciclo biológico vegetal ou animal, direta ou indiretamente ao desfrute das forças ou dos recursos naturais e que se resolvem economicamente na obtenção de frutos, vegetais ou animais, destinados ao consumo direto, seja como tais ou para uma ou múltiplas transformações (...)[19].

De fato, a partir da teoria de Carrozza, formulou-se uma disciplina do direito agrário na qual a agrariedade assumiu o papel protagonista, como elemento aglutinador. É a noção de agrariedade que permitirá ao jurista identificar os institutos que pertencem ao Direito Agrário e, portanto, que constituem objeto desta disciplina[20].

DE MATTIA esclarece, na mesma linha, que o Direito Agrário é um ramo especial do Direito Privado, mais especificamente do

---

[17] Codice Civile Italiano. *Art. 2135 Imprenditore agricolo. E' imprenditore agricolo chi esercita una delle seguenti attività: coltivazione del fondo, selvicoltura, allevamento di animali e attività connesse.* (...). Art. 2135. Empresário Agrário. É empresário agrário aquele que exerce uma das seguintes atividades: cultivo do fundo, silvicultura, criação de animais e atividades conexas (tradução livre).

[18] CARROZZA, Antonio; ZELEDÓN, Ricardo Zeledón. *Teoría general e institutos de derecho agrario.* Buenos Aires: Astrea, 1990, p. 62.

[19] Tradução livre. Texto original: *"desarrollo de un ciclo biológico, vegetal o animal, ligado directa o indirectamente al disfrute de las fuerzas o de los recursos naturales, y que se resuelve económicamente en la obtención de frutos, vegetales o animales, destinados al consumo directo, se como tales o bien previa una o múltiples transformaciones".* (CARROZZA, Antonio. La Noción de derecho Agrario, en Jornadas Ítalo-Españolas de Derecho Agrario, p. 321 apud CARROZZA, Antonio; ZELEDÓN, Ricardo Zeledón. Op. cit., p. 64).

[20] CARROZZA, Antonio; ZELEDÓN, Ricardo Zeledón. Op. cit., p. 91.

Direito Civil, pelo exato problema da falta de determinação dos chamados princípios gerais. Nesse sentido, o autor brasileiro concorda que a especialidade do Direito Agrário se consubstancia pelos institutos jurídicos e não pelos princípios gerais[21]. Nesse sentido, destaca a importância do fato técnico como um dos fatores de especificação do direito agrário, idôneo a incidir sobre a especialidade da matéria com uma estruturação adequada dos preceitos, defendendo que é o fato técnico que transforma o direito agrário em um *jus proprium*[22].

SCAFF chama a atenção de que a agrariedade exerce uma função qualificadora, que atribui função econômica aos bens, aos sujeitos de direito e à atividade desenvolvida, por meio do seu vínculo com o ciclo biológico. Diferencia-se, dessa forma, o imóvel rural do que é efetivamente uma propriedade agrária, pelo critério de sua destinação, vinculado a atividades agrárias principais ou conexas[23], permitindo ao direito agrário deslocar-se da ótica fundiária (estática) para a ótica da atividade agrária (dinâmica). Na concepção moderna, o direito agrário é o direito da empresa agrária[24].

1.2. A empresa agrária como elemento central do Direito Agrário

Como reconhece ROPPO, apesar da polêmica verbal antiliberal própria do fascismo que vigia na Itália por ocasião da promulgação do Código Civil de 1942, o sistema continuou a basear-se no princípio da iniciativa privada e do seu livre exercício. Dessa forma, o principal fato inovador do Código italiano foi a melhor regulação da atividade econômica por meio de institutos que garantissem celeridade e segurança da circu-

---

[21] MATTIA, Fabio Maria de. *A modernidade dos contratos agrários. Revista da Faculdade de Direito da Universidade de São Paulo*, São Paulo, v. 99, p. 124, 2004.
[22] Ibidem, p. 125.
[23] SCAFF, Fernando Campos. *Origens, evolução e biotecnologia*. São Paulo: Atlas, 2012, p. 18.
[24] SCAFF, Fernando Campos. A empresa e o direito agrário. *Revista de Direito Civil, Imobiliário, Agrário e Empresarial*, São Paulo, v. 15, nº 57, p. 60, jul./set. 1991.

lação dos bens, mediante a unificação dos direitos das obrigações e a adoção da teoria jurídica da empresa[25].

Conforme ASQUINI, a empresa é um fenômeno poliédrico, multifacetado. A partir do conceito econômico de empresa (organização de trabalho e de capital tendo como fim a produção de bens ou serviços para troca), estabelecem-se, sob o aspecto jurídico, diversos perfis para o conceito de empresa, a saber: o perfil subjetivo, do empresário; o perfil funcional, da atividade empresarial dirigida para um determinado escopo produtivo; o perfil patrimonial ou objetivo, da empresa como patrimônio *aziendal* ou estabelecimento; e, por fim, o perfil corporativo, da empresa como instituição – organização de pessoas que formam um núcleo organizado em função de um fim econômico comum[26].

Todos os perfis da empresa, de uma forma ou de outra, estão contemplados no ordenamento jurídico, para disciplinar de uma maneira mais adequada as necessidades econômicas da sociedade. Assim, um perfil não exclui o outro, mas é delineado em função do outro[27].

Os elementos essenciais ao conceito jurídico de empresa foram definidos a partir da ideia de empresário, prevista no Artigo 2082 do Código Civil Italiano de 1942, que estabeleceu o seguinte: "*Art. 2082. Imprenditore. È imprenditore chi esercita professionalmente una attività economica organizzata al fine della produzione o dello scambio di beni o di servizi*"[28].

O empresário reconhece-se pela sua atividade exercida de forma profissional, organizada e não eventual, destinada aos mercados. É a partir desses elementos também que se define a própria empresa. Vê-se, por conseguinte, que não é o estabelecido no direito positivo

---

[25] ROPPO, Enzo. O *Contrato*. Coimbra: Almedina, 2009, p. 60.
[26] COMPARATO, Fabio Konder. Perfis da empresa – Alberto Asquini, profili dell'impresa. Rivista del Diritto Commerciale, 1943, v. 41, I, (tradução). In *Revista de Direito Mercantil, Industrial, Econômico e Financeiro*. São Paulo, v. 35, nº 104, p. 109-126, out./dez. 1996.
[27] OPPO, Giorgio. *Diritto dell'impresa*. Milane: CEDAM, 1992, p. 57.
[28] Em vernáculo: "*É empresário aquele que exerce profissionalmente uma atividade econômica de produção ou de troca de bens e serviços*" (tradução livre).

que caracteriza a noção jurídica da empresa. A empresa se estabelece como uma realidade de fato, decorrente da situação econômica de produção ou circulação de bens e serviços em mercados e para mercados, mediante atividade economicamente organizada e profissionalmente conduzida, independentemente da constituição de uma entidade jurídica.

Como ensina OPPO, todas as normas definem a empresa em torno da organização, seja a empresa como atividade organizada, seja a empresa como estabelecimento complexo de bens organizados. A realidade global da empresa é estabelecida no plano jurídico-normativo na síntese "organização-atividade" e na correlação dessas duas características em termos de função. A organização se dá em função da atividade, mas também a atividade é em função da organização. É a organização que suporta, desenvolve e afirma no mercado a atividade, acumulando produtividade e aviamento[29].

Segundo o autor, a doutrina italiana, de inspiração marxista, atribui relevo marginal ao empresário-pessoa, atribuindo maior relevo ao caráter externo da empresa-organização. Essa definição de enfoque permite desvincular a empresa do escopo lucrativo. A empresa prescinde da propriedade dos meios de produção, mas não da economicidade da sua organização. Ou seja, há uma conciliação entre empresa e trabalho, já que a economicidade se estabelece conforme o interesse de todos e dos trabalhadores, de atribuir eficiência ao processo produtivo[30].

Nas palavras de STAJN, é a organização e a profissionalidade que permitem a identificação do fenômeno de empresa. A noção jurídica da empresa não se limita ao estabelecido no direito positivo, mas reveste a realidade econômica de produção ou circulação de bens e serviços em mercados e para mercados, mediante atividade economicamente organizada e profissionalmente conduzida[31].

---

[29] OPPO, Giorgio. *Diritto dell'impresa*. Milane: CEDAM, 1992, p. 69.
[30] OPPO, Giorgio. *Diritto dell'impresa*. Milane: CEDAM, 1992, p. 72.
[31] STAJN, Rachel. *Teoria Jurídica da Empresa*. São Paulo: Atlas, 2004, p. 143.

A empresa agrária, não obstante esteja dispensada de algumas formalidades essenciais às empresas comerciais, especificamente quanto à não obrigatoriedade de registro[32], não possui necessariamente um estatuto jurídico corporativo próprio. São aplicáveis às empresas agrárias todos os princípios e pressupostos da empresa, ou seja, suas obrigações e contratos devem sempre estar contextualizados em função da sua atividade e das estruturas de organização, profissionalidade e economicidade, que caracterizam o fenômeno de empresa e qualificam a realidade empresarial[33].

No caso da empresa agrária, a qualificação da *fattispecie* se complementa com a atividade exercida pelo empresário, vinculada ao ciclo biológico e, portanto, inserida no contexto da agrariedade. É a atividade agrária, como conjunto de atos para uma mesma finalidade (econômica), que qualifica, na realidade econômica e social, o empresário agrário[34]. Nesse sentido, o Código Civil italiano prescreve o seguinte:

> Art. 2135. *Imprenditore agricolo*
> *È imprenditore agricolo chi esercita una delle seguenti attività: coltivazione del fondo, selvicoltura, allevamento di animali e attività connesse.*
>
> *Per coltivazione del fondo, per selvicoltura e per allevamento di animali si intendono le attività dirette alla cura e allo sviluppo di un ciclo biologico o di una fase necessaria del ciclo stesso, di carattere vegetale o animale, che utilizzano o possono utilizzare il fondo, il bosco o le acque dolci, salmastre o marine.*
>
> *Si intendono comunque connesse le attività, esercitate dal medesimo imprenditore agricolo, dirette alla manipolazione, conservazione, trasformazione, commercializzazione e valorizzazione che abbiano ad oggetto prodotti ottenuti prevalentemente dalla coltivazione del fondo o del bosco o dall'allevamento di animali, nonché le attività*

---

[32] Nesse sentido, IRTI, a publicidade dos livros contábeis, a possibilidade de falência e concordata preventiva, etc, são exigências que se justificam para as empresas comerciais, para acrescer a proteção de interesses de terceiros na empresa. A empresa agrária, segundo o autor, por não ter como atividade a intermediação, prescinde desses controles, já que os produtos seguem um caminho pré-definido, em prazos mais ampliados que aqueles da velocidade comercial. (IRTI, Natalino. *Diritto Agrario Italiano*. UTET: s.n, s.d. p. 78).

[33] STAJN, Rachel. Op. cit., p. 143.

[34] OPPO, Giorgio. Op. cit..

dirette alla fornitura di beni o servizi mediante l'utilizzazione prevalente di attrezzature o risorse dell'azienda normalmente impiegate nell'attività agricola esercitata, ivi comprese le attività di valorizzazione del territorio e del patrimonio rurale e forestale, ovvero di ricezione ed ospitalità come definite dalla legge.[35]

Influenciada pelo dispositivo da Lei italiana, a doutrina agrarista distingue as atividades das empresas agrárias em atividades agrárias ditas principais (cultivo de vegetais, silvicultura ou criação de animais) e atividades agrárias conexas, as quais se classificam a partir de dois conceitos, de natureza e de organização, por meio de três critérios, a saber: da normalidade, da acessoriedade e da prevalência[36].

Conforme esclarece TRENTINI, não obstante o princípio da prevalência tenha se demonstrado mais adequado para diferenciar as empresas comerciais das empresas agrárias, há ainda uma diferenciação a fazer entre atividades conexas típicas e atípicas. Nesse sentido, há discordância da agrarista, para quem é mais plausível dividir as atividades agrárias segundo o critério que toma em consideração o ciclo biológico, como é a linha adotada pelo direito francês, que divide as

---

[35] Em vernáculo: "é empresário agrário aquele que exerce uma das seguintes atividades: cultivo do fundo, silvicultura, criação de animais e atividades conexas. Por cultivação do fundo, silvicultura e por criação de animais se entendem as atividades diretas em prol e para o desenvolvimento de um ciclo biológico o de uma necessária fase desse ciclo, de caráter vegetal ou animal, que se utilizem ou possam se utilizar o fundo, a floresta, a água doce, salgada ou marinha. Entendem-se como conexas as atividades exercidas pelo mesmo empresário agrário, direcionadas à manipulação, conservação, transformação, comercialização e valorização que tenham por objeto produtos obtidos prevalentemente do cultivo do fundo ou da floresta ou da criação de animais, bem como as atividades destinadas ao fornecimento de bens ou serviços mediante o uso predominante de equipamentos ou recursos que são normalmente utilizados na atividade agrícola, incluindo as atividades de promoção da região e do património rural e da silvicultura, nomeadamente recepção e hospitalidade, tal como definido pela lei." (tradução livre).

[36] MATTIA, Fabio Maria de. A modernidade dos contratos agrários. *Revista da Faculdade de Direito da Universidade de São Paulo*, São Paulo, v. 99, p. 87-132, 2004.

atividades conexas entre aquelas que se fazem como um prolongamento do ato de produção e as que se fazem para a exploração[37].

É de se destacar que a ampliação do espectro das atividades agrárias, por meio do reconhecimento crescente de atividades conexas, especialmente a partir da reforma do Art. 2135 do *Codice Civile*, gerou, na doutrina agrarista, intensos debates. Nesse sentido, ALESSI e PISCIOTTA definem que, do ponto de vista da empresa, a diferença entre agrariedade e comercialidade se revela mais como categoria histórica que ontológica[38]. Esclarecem que a tentativa de ampliação da figura do empresário agrário desencadeou uma crise no sistema. Segundo as autoras, na tentativa de ampliar os benefícios encadeados pelo sistema à atividade agrária, perdeu-se o sentido da própria distinção de empresa agrária, cuja proteção estaria vinculada à finalidade constitucional de garantir a destinação produtiva do solo não urbanizado. Diante de uma atividade agrícola em mercados, dispensar a empresa agrária do estatuto da empresa comercial se mostra, no entanto, injustificado e até danoso[39].

De fato, é de se destacar que a agrariedade, no direito estrangeiro, está muito vinculada a vantagens tributárias, previdenciárias e à simplificação das obrigações sociais das quais, em tese, deveriam ser dispensados os agricultores, mesmo quando atuam em organização de empresa. Estabelece-se, assim, um regulamento corporativo, específico a uma categoria de empresários, que distingue sua situação jurídica em função de sua importância e situação social.

Aplicando as lições do direito italiano na América Latina, ZELLÉDON esclarece que as atividades agrárias conexas não se vinculam diretamente ao ciclo agrobiológico, mas são consideradas agrárias por sua vinculação subjetiva com o empresário agrário, por se inserirem dentro do mesmo processo produtivo por ele iniciado. Assim, a mesma atividade, por exemplo, agroindustrial, será classificada

---

[37] TRENTINI, Flávia. *Teoria Geral do Direito Agrário Contemporâneo*. São Paulo: Atlas, 2012, p. 37.
[38] ALESSI, Rosalba; PISCIOTTA, Giuseppina. *L'impresa agrícola*. 2ª ed. Milano: Giuffrè Editore, 2010, p. 78.
[39] Ibidem, p. 83.

como agrária ou comercial, se for realizada pelo próprio empresário agrário ou por um industrial, por exemplo[40].

Essa diferenciação é particularmente importante para os termos do presente trabalho. Com efeito, as atividades agroindustriais ou comerciais desenvolvidas por empresas especializadas não são atividades agrárias propriamente ditas, mas também são dependentes do ciclo agrobiológico dos produtores de matéria-prima agrícola. O vínculo entre a atividade agrária e a atividade agroindustrial, nesses casos, de empresas diferentes atuando na produção, no processamento e na comercialização, se dará por meio dos contratos agroindustriais. Esses é que devem estabelecer a conexão necessária entre as atividades agrárias e as demais atividades empresariais em uma mesma cadeia produtiva.

1.1.1. A empresa agrária no direito brasileiro

Apesar de ter tido o Código Italiano de 1942 como principal fonte inspiradora para diversos institutos, o Código Civil brasileiro de 2002 não previu a figura da empresa agrária expressamente. Ao tratar da empresa, a Lei brasileira transcreveu do diploma italiano o Art. 2082, definindo igualmente o empresário como sujeito da *fattispecie* de empresa, baseada na verificação simultânea de profissionalidade, organização e economicidade, conforme previsto no Art. 966 do Código Civil[41].

Diferentemente do Código Italiano, a Lei brasileira não previu categorias diferentes de empresa, nem em função do seu tamanho, nem em função de sua atividade[42]. Assim, reforçou-se a unicidade do

---

[40] ZELEDÓN, Ricardo Zeledón. Determinación del objeto y del método. In: CARROZZA, Antonio; ZELEDÓN, Ricardo Zeledón. *Teoría general e institutos de derecho agrario*. Buenos Aires: Astrea, 1990, p. 129.

[41] Código Civil Brasileiro. Art. 966. Considera-se empresário quem exerce profissionalmente atividade econômica organizada para a produção ou a circulação de bens ou de serviços.
Parágrafo único. Não se considera empresário quem exerce profissão intelectual, de natureza científica, literária ou artística, ainda com o concurso de auxiliares ou colaboradores, salvo se o exercício da profissão constituir elemento de empresa.

[42] Importante mencionar que, conforme teremos a oportunidade de analisar mais detidamente adiante, as diferentes categorias de empresário e, por conseguinte, de

fenômeno empresarial a partir da *fattispecie*, ou seja, da verificação dos elementos de empresa no exercício da atividade profissional como situação de fato, excluindo-se do conceito de empresa apenas a atividade intelectual, de natureza científica, literária ou artística.

Quanto à empresa agrária, embora não represente uma categoria empresarial, o Código Civil reconheceu-a expressamente no Artigo 971[43]. Esse dispositivo, embora seja criticável do ponto de vista terminológico por tratar da atividade como "atividade rural" e não como "atividade agrária"[44], não cometeu o mesmo vício criticado na legislação italiana de contrapor empresa agrária à empresa comercial. Pelo contrário, admitiu uma equiparação voluntária das empresas agrárias ao regime empresarial, quando o empresário facultativamente buscar a sua inscrição no registro de empresas mercantis.

Não vimos no Art. 971, como parece ter sido a opinião de DE MATTIA, o interesse de afastar a comercialidade da atividade agrária[45]. A nossa leitura é de que o Código Civil Brasileiro reafirmou a natureza empresária da atividade rural, sendo, nesse sentido, aplicável a lição de IRTI de que a noção de empresa agrária parte da de empresa como atividade economicamente organizada profissional-

---

empresa, distinguidas pelo Código Italiano, não importam necessariamente em um estatuto jurídico próprio, mas apenas em diferenças, considerando o perfil subjetivo do empresário, especialmente para dispensar a necessidade de seu registro e garantir aos empresários agrários, microempresários etc, benefícios formais (como a dispensa da manutenção de livros) e eventuais benefícios fiscais. Sob o aspecto privado e, especialmente, do direito das obrigações, as diferentes qualidades de empresa não têm, em princípio, estatuto jurídico próprio, quer na legislação italiana quer na legislação brasileira.

[43] Código Civil Brasileiro. Art. 971. O empresário, cuja atividade rural constitua sua principal profissão, pode, observadas as formalidades de que tratam o art. 968 e seus parágrafos, requerer inscrição no Registro Público de Empresas Mercantis da respectiva sede, caso em que, depois de inscrito, ficará equiparado, para todos os efeitos, ao empresário sujeito a registro.

[44] Sobre a diferença entre agrário, rural e rústico como qualificação da atividade e de bens, veja-se: REZEK, Gustavo Elias Kallas. *Imóvel agrário:* agrariedade. Ruralidade e rusticidade. Curitiba: Juruá, 2007.

[45] MATTIA, Fabio Maria de. A modernidade dos contratos agrários. *Revista da Faculdade de Direito da Universidade de São Paulo*, São Paulo, v. 99, p. 87-132, 2004.

mente, para produção ou escambo de bens e serviços, qualificada pela natureza agrária da atividade[46].

Distintamente do direito estrangeiro, o código civil brasileiro não estabeleceu um regulamento corporativo para empresa agrária. Do ponto de vista do direito privado, a empresa agrária está submetida ao mesmo estatuto jurídico da empresa comercial. Dessa forma, é natural que a doutrina agrarista reafirme as bases da disciplina sob a perspectiva da especialidade, vinculado aos elementos gerais do direito privado. Com efeito, nos termos previstos no diploma legal, a empresa agrária é empresa, mas que irá se qualificar como empresa agrária em função da sua atividade – agrária.

Como se afirmou anteriormente, a circunstância empresarial decorre de uma situação fatual, de verificação de elementos de empresa na organização da atividade. Assim, a falta ou dispensa de eventuais formalidades, como registro, por exemplo, não desqualifica a empresa agrária como empresa, desde que verificados os seus pressupostos próprios – profissionalidade, habitualidade e economicidade.

1.1.2. A superação do conceito de empresa rural estabelecido no Estatuto da Terra

É fundamental diferenciar a *fattispecie* da empresa agrária propriamente dita, e que deve ser considerada pelo direito agrário moderno, da "empresa rural" estabelecida na Lei nº 4.504, de 30 de novembro de 1964 ("Estatuto da Terra"). Com efeito, a empresa rural estabelecida no Estatuto da Terra nada possui de semelhança com os requisitos de profissionalidade, organização e economicidade inerentes à *fattispecie* de empresa.

Embora seja contemporâneo aos estudos mais avançados de direito agrário na Itália, o Estatuto da Terra não assimilou as importantes contribuições do moderno direito agrário a partir da *fattispecie* da empresa agrária[47]. Pelo contrário, seguindo a perspectiva

---

[46] IRTI, Natalino. *Diritto Agrario Italiano*. UTET: s.n, s.d.
[47] Diferentemente do diploma europeu, a Lei brasileira não teve como objetivo principal organizar a atividade agropecuária, mas promover a intervenção estatal na agropecuária, por meio da desapropriação, distribuição de terras e a preservação de interesses

da maior parte das legislações agrárias latino-americanas, cuja concepção do direito agrário foi contaminada pela temática da reforma agrária e do direito público (especialmente a competência de uma justiça especializada agrária)[48], o Estatuto da Terra manteve uma disciplina vinculada exclusivamente à questão fundiária e estabeleceu peculiar conceito de "Empresa Rural", não para qualificar a atividade desenvolvida pelo empresário, mas para qualificar os imóveis rurais que, por serem adequadamente explorados, estariam dispensados de desapropriação para fins de reforma agrária. Ou seja, uma visão que não leva em consideração a dimensão econômica da atividade, mas

sociais no setor rural. Essa tônica, a nossa ver, fica evidente na leitura atenta do Art. 1º da Lei, que diz expressamente: o objeto da Lei é regular "os direitos e obrigações concernentes aos bens imóveis rurais, para os fins de execução da Reforma Agrária e promoção da Política Agrícola", colocando sempre o imóvel rural, não a atividade agrária, como o elemento central da preocupação legislativa.

[48] O direito agrário já foi considerado na América Latina como o direito da reforma agrária. Essa situação parece estar bastante vinculada a aspectos históricos, especialmente da identificação do objeto do direito agrário com as disputas de terras, inclusive com a criação de uma justiça especializada agrária. Nesse sentido, chama a atenção a jurisdição agrária instalada em México, Chile e Equador, cuja competência se limitava a conflitos decorrentes da implementação da legislação de reforma agrária. Mesmo os tribunais agrários especializados, posteriormente adotados também em Peru, Venezuela, Costa Rica, Colômbia e Bolívia, tiveram, na maioria dos casos, a sua competência ampliada, com jurisdição sobre temas além da reforma agrária, reconhecendo que o direito agrário deverá abranger todas as relações jurídicas relacionadas com a produção, transformação, agroindústria e comercialização de produtos agrícolas. Essas peculiaridades regionais, no entanto, evidenciam perfis do direito agrário latino-americano que, segundo ZELEDÓN, trata-se de um direito: a) vinculado com a produção agrícola, dinâmica, e não só com a propriedade, estática, do direito civil; b) marcado por elementos sociais, de proteção ao setor produtivo e agrícola, o que implica no fenômeno da socialização e da publicização, com intervenção do Estado nas relações jurídicas; c) direito técnico, em que o fato técnico da agricultura, especialmente num contexto de novas tecnologias avançadas, constitui um elemento da própria disciplina agrária. (ZELEDÓN, Ricardo Zeledón. *Sistemática del Derecho Agrario*. Mexico: Porrúa, 2002, p. 133 et seq).

está submetida exclusivamente aos parâmetros da função social do imóvel rural[49].

Pela dicção do Art. 4º, VI, do Estatuto da Terra[50] a empresa rural depende: a) da exploração econômica e racional do imóvel rural; b) da exploração de uma área mínima do imóvel; e c) da obtenção de um nível de produção condizente com os mínimos fixados pelo poder público. São critérios de uso do imóvel rural que têm por consequência jurídica qualificar os imóveis rurais, isentando-os de desapropriação[51], salvo por motivo de necessidade ou utilidade pública[52].

Evidentemente, essa noção não se relaciona em nada com os princípios vinculados ao reconhecimento da empresa agrária como núcleo do direito agrário a partir de sua dimensão econômica, ou seja, organizacional. Veja-se, por exemplo, o caso hipotético de um imóvel rural que seja explorado unicamente pelo proprietário e por

---

[49] MATTIA, Fabio Maria de. Empresa agrária e estabelecimento agrário. *Revista de Direito Civil, Imobiliario, Agrario e Empresarial*, São Paulo, v. 19, nº 72, p. 50, abr./jun. 1995.

[50] Estatuto as Terra (Lei nº 4.04/64): Art. 4º (....) VI – Empresa Rural é o empreendimento de pessoa física ou jurídica, pública ou privada, que explore econômica e racionalmente imóvel rural, dentro de condição de rendimento econômico da região em que se situe e que explore área mínima agricultável do imóvel segundo padrões fixados, pública e previamente, pelo Poder Executivo. Para esse fim, equiparam-se às áreas cultivadas, as pastagens, as matas naturais e artificiais e as áreas ocupadas com benfeitorias.

[51] Atualmente, tendo em vista a revogação do sistema fundiário do Estatuto da Terra, fundado nos conceitos de latifúndio e de minifúndio, pela constituição de 1988, que diferencia a propriedade por sua produtividade, independentemente do tamanho, os mesmos requisitos que eram estabelecidos para a empresa rural do Estatuto da Terra são previstos pela Lei nº 8.629/93, para caracterizar a propriedade produtiva, que, conforme o Art. 185, II, da Constituição Federal, passou a ser imune de desapropriação para fins de reforma agrária, independentemente do tamanho.

[52] Art. 19. A desapropriação far-se-á na forma prevista na Constituição Federal, obedecidas as normas constantes da presente Lei.

§ 3º Salvo por motivo de necessidade ou utilidade pública, estão isentos da desapropriação: (...) b) os imóveis que satisfizerem os requisitos pertinentes à empresa rural, enunciados no artigo 4º, inciso VI; c) os imóveis que, embora não classificados como empresas rurais, situados fora da área prioritária de Reforma Agrária, tiverem sido aprovados pelo Instituto Brasileiro de Reforma Agrária e, em execução, projetos que em prazo determinado, elevem-nos àquela categoria.

sua família com cultivo de subsistência. Se esse cultivo atender aos requisitos previstos pela lei, o imóvel poderia qualificar-se como empresa rural, mas jamais a família seria enquadrada como empresa agrária. Nesse sentido, aderimos à lição de Oppo, no sentido de que o cultivo de subsistência é excludente do conceito de empresa. Conforme esclarece o autor, é fundamental ao empresário produzir para o mercado, de forma econômica, não sendo empresário quem produz para si mesmo[53].

Do mesmo modo, é verdade que o exercício de empresa não é suficiente para o enquadramento como empresa rural. Com efeito, a economicidade e o profissionalismo da empresa estão ligados ao processo produtivo, à organização dos fatores de produção, não ao resultado[54]. Assim, da mesma forma que é possível a empresa não ter o lucro por objeto (como ocorre, por exemplo, nas empresas de cooperativas, associações e fundações), o não atingimento de índices mínimos de produtividade exigidos pelo Estatuto da Terra para a *fattispecie* de empresa rural não correspondem a exigência para a realidade de empresa agrária. Pelo contrário, quando produzir mais se mostra inviável em dada situação da empresa ou do mercado, é normal que a empresa, atenta à economicidade da sua atividade, deixe de produzir ou produza o necessário para pagar os seus custos de produção.

O empresário produz em mercados e para mercados, sendo essencial à sua profissionalidade e economicidade organizar a produção de modo a não produzir mais do que os mercados demandam. A produção do empresário deve sempre buscar atender uma demanda de mercado, não sendo ideal que se produza nem a mais, nem a menos, o que, por princípio, seria incompatível com as exigências do Estatuto da Terra para empresa rural, que deve produzir sempre, independentemente da necessidade dos mercados.

Por último, é de se destacar que as métricas utilizadas para a definição dos índices de produtividade (colheita em relação à área agri-

---

[53] Oppo, Giorgio. *Diritto dell'impresa*. Milane: CEDAM, 1992, p. 58.
[54] Ibidem, p. 62.

cultável), essenciais ao conceito de empresa rural do Estatuto da Terra, são tomadas por amostragem anual, sem qualquer exigência adicional. O cumprimento dos índices de produtividade pode ser verificado por qualquer pessoa que explore o fundo rústico. Os requisitos de habitualidade, profissionalismo e economicidade são, por conseguinte, totalmente alheios à *fattispecie* da empresa rural conceituada pelo Estatuto da Terra, o que jamais se coaduna com o conceito de empresa na ótica do direito privado.

Como observamos, a impropriedade conceitual é tamanha que muito mais adequado seria a revogação expressa do dispositivo do Estatuto da Terra que, inadvertidamente e *a contrariu sensu* do direito agrário moderno, previu esse peculiar conceito de "Empresa Rural". De fato, esse é um conceito supérfluo nos dias atuais, mesmo para a definição dos critérios fundiários norteadores da reforma agrária. Com efeito, a Constituição de 1988 abandonou expressamente os conceitos do Estatuto da Terra, de latifúndio, de minifúndio e de empresa rural, passando a classificar os imóveis rurais apenas em produtivos ou improdutivos, independentemente do tamanho, conforme os requisitos previstos na Lei nº 8.629/93, diga-se, muito semelhante ao que era previsto pelo Estatuto da Terra para a "empresa rural"[55].

Embora seja importante distanciar os requisitos da propriedade produtiva do conceito de empresa rural, é de se reconhecer que a atividade produtiva é que qualifica o imóvel rural como imóvel agrário, sendo ainda fundamental para o cumprimento da sua função social. Nesse sentido, embora seja verdade que o Art. 186 da Constituição Federal condicione a função social do imóvel rural ao cumprimento simultâneo de múltiplos requisitos[56], a imunidade à desapropriação

---

[55] A Lei nº 8.629/93 estabelece que *"Considera-se propriedade produtiva aquela que, explorada econômica e racionalmente, atinge, simultaneamente, graus de utilização da terra e de eficiência na exploração, segundo índices fixados pelo órgão federal competente."* (Art. 6º).

[56] Art. 186. A função social é cumprida quando a propriedade rural atende, simultaneamente, segundo critérios e graus de exigência estabelecidos em lei, aos seguintes requisitos:
I – aproveitamento racional e adequado;

estabelecida pelo Art. 185 ao imóvel produtivo[57] demonstra a prevalência desse valor sobre os demais, privilegiando valores que se destacam para o direito agrário como objetivos primordiais, a saber: segurança alimentar, desenvolvimento econômico e social e geração de riquezas.

Essas são as finalidades que consubstanciam a função social da empresa agrária, admitidas por inflexão dos princípios que orientam o cumprimento da função do social do imóvel rural e, especialmente, do imóvel rural destinado à produção agropecuária.

1.2. O sistema Agroindustrial como resultado da organização do Direito Agrário

Na atualidade, a atividade agrícola não se faz mais de forma isolada dos setores industrial e comercial. Indústrias de insumos, produção agropecuária, indústria de alimentos e sistema de distribuição estabelecem-se com relação de interdependência, a identificar uma realidade única que, a partir dos estudos de Davis e Goldberg[58], denominou-se *agribusiness* ou, em tradução para o português, agronegócio.

Nessa nova realidade, a empresa agrária também não atua de forma isolada, unicamente no intuito de dar destinação produtiva à terra, mas, ao contrário, exerce uma função que extrapola os limites do fundo rústico, integrando-se a cadeias produtivas que articulam o fornecimento de insumos, a produção agropecuária e o processamento da produção ao consumidor final.

II – utilização adequada dos recursos naturais disponíveis e preservação do meio ambiente;
III – observância das disposições que regulam as relações de trabalho;
IV – exploração que favoreça o bem-estar dos proprietários e dos trabalhadores.
[57] Art. 185. São insuscetíveis de desapropriação para fins de reforma agrária:
I – a pequena e média propriedade rural, assim definida em lei, desde que seu proprietário não possua outra;
II – a propriedade produtiva.
Parágrafo único. A lei garantirá tratamento especial à propriedade produtiva e fixará normas para o cumprimento dos requisitos relativos à sua função social.
[58] DAVIS, J. H.; GOLDBERG, R. A. *"A Concept of Agribusiness"*. Division of Research. Graduate School of Business Administration. Harvard University, Boston, 1957.

A conjugação desses dois enfoques, de *agribusiness* e de cadeias agroindustriais, sobretudo à luz do conceito francês de *filièleres*, é que deu origem, sob a perspectiva econômica e organizacional, ao conceito de Sistemas Agroindustriais (SAGs) no qual se identificam o conjunto de relações contratuais entre empresas e agentes especializados que se estabelecem na forma de uma rede de relações contratuais interdependentes, cujo objetivo final é disputar o consumidor de determinado produto[59].

O conceito de SAG busca ressaltar, a partir das premissas teóricas da Nova Economia Institucional (NEI) e da Economia dos Custos de Transação (ECT), a importância do ambiente institucional e das organizações de suporte ao funcionamento das cadeias. Nessa concepção, as relações econômicas acontecem amparadas por duas margens: uma representada pelo ambiente institucional e outra pelo ambiente organizacional. O ambiente institucional refere-se às regras do jogo da sociedade, ou seja, às leis, tradições e aos costumes. As organizações, por sua vez, representam as estruturas criadas para dar suporte ao funcionamento dos SAGs, tais como: empresas, universidades, cooperativas e associações de produtores[60].

O Direito Agrário exerce um papel de preponderância na abordagem do Sistema Agroindustrial. De fato, é de se reconhecer que, se a abordagem de cadeias produtivas e de sistemas econômicos integrados seria adequada a diversos ramos da economia, é também a agrariedade que qualifica o Sistema Agroindustrial, cujos agentes se organizam em função e em torno de produtos ou matérias-primas que somente se produzem por meio de atividades agrárias, submetidas ao ciclo-agrobiológico.

---

[59] ZYLBERSTAJN, Décio. Conceitos gerais. Evolução e Apresentação do Sistema Agroindustrial. In: ZYLBERSTAJN, Décio; NEVES, Marcos Fava (orgs). *Economia dos Negócios Agroalimentares*: Indústria de Alimentos, Indústria de insumos, Produção Agropecuária e Distribuição. São Paulo: Pioneira, 2000.
[60] ZYLBERSTAJN, Décio. Conceitos gerais. Evolução e Apresentação do Sistema Agroindustrial. In: ZYLBERSTAJN, Décio; NEVES, Marcos Fava (orgs). *Economia dos Negócios Agroalimentares*: Indústria de Alimentos, Indústria de insumos, Produção Agropecuária e Distribuição. São Paulo: Pioneira, 2000.

Dito isso, se não se pode, sob o aspecto da economia institucional resumir o ambiente institucional ao sistema jurídico; é de se reconhecer que o Direito Agrário possui um papel preponderante em estabelecer as bases institucionais em que o SAG se desenvolve, podendo tornar a arquitetura do SAG mais ou menos eficiente[61].

Ao Direito Agrário cabe uma função econômica fundamental para o desenvolvimento e aperfeiçoamento das relações que se estabelecem entre os agentes do SAG, sendo essa função essencial para compreender a função socioeconômica de diversos institutos do direito agrário identificáveis nas relações sistêmicas do agronegócio, em especial dos contratos agrários e dos contratos agroindustriais.

1.3. O direito agrário e o direito do agronegócio proposto no PL 1.572/2011 (Novo Código Comercial)

Discute-se, atualmente, no Congresso Nacional, a edição de um novo Código Comercial. Objeto do Projeto de Lei nº 1.572/2011, de autoria do Deputado Vicente Cândido e relatoria do Deputado Paes Landim, a proposta pretende refundar o direito comercial, revogar a unificação das obrigações, estabelecida pelo Código Civil de 2002, e disciplinar, no âmbito do direito privado, a organização e a exploração da empresa, além de matérias conexas, incluindo o direito societário, o direito contratual empresarial, o direito cambiário, o direito comercial marítimo e o direito do agronegócio (Art. 1º)[62].

O direito do agronegócio é proposto como título do Livro III, ou seja, como parte especial do direito comercial. Trata-se de um conjunto de regras para disciplinar "a rede de negócios que integra as atividades econômicas organizadas relacionadas a produtos agrícolas, pecuários, de reflorestamento e pesca, bem como seus subprodutos

---

[61] Idem.
[62] O último relatório do projeto, até a redação dessa dissertação, foi o apresentado pela Comissão Especial destinada a proferir parecer ao Projeto de Lei nº 1572, de 2011, do Sr. Vicente Candido, que "institui o Código Comercial (PL157211)". Disponível em <http://camara.gov.br/proposicoesWeb/prop_mostrarintegra;jsessionid=F4C8FF4D D4317A0562DBA9C1BB368CEC.proposicoesWebl?codteor=1476929&filename=Parecer-PL157211-13-07-2016>. Acesso em 16.10.2016.

e resíduos de valor econômico", contemplando diversas atividades, desde a produção até as atividades de fabricação e fornecimento de insumos, máquinas, e equipamentos, passando por beneficiamento, armazenamento, comercialização, processamento, transformação, transporte e distribuição de bens agrícolas, pecuários, de reflorestamento, pesca e aquicultura, bem como serviços associados (Art. 461). Nesse sentido, a proposta transfere para a Lei o princípio da alocação de riscos pelos negócios jurídicos celebrados pelos agentes da cadeia agroindustrial, devendo essa alocação de riscos ser preservada (Art. 462). Além disso, estabelece como princípios especiais do agronegócio: a) a função econômica da cadeia produtiva agroindustrial e b) a intervenção mínima nas relações do agronegócio (Art. 5º).

O Projeto de Lei regulamenta como "contratos do agronegócio" os contratos de depósito de produtos agropecuários e de monitoramento agroindustrial e estabelece uma regulamentação específica dos chamados títulos de crédito do agronegócio, especialmente o Certificado de Direitos Creditórios do Agronegócio (CDCA); a Letra de Crédito do Agronegócio (LCA); e o Certificado de Recebíveis do Agronegócio (CRA), substituindo a regulamentação da atualmente em vigor Lei nº 11.076/2004. Na última edição do Projeto, foram excluídas as normas inicialmente propostas para os contratos agrários de arrendamento e de parceria e para os contratos de integração. De fato, não havia, em relação ao proposto no projeto de código comercial, grandes inovações em relação às disposições atualmente vigentes, seja quanto ao previsto no Estatuto da Terra, seja quanto ao previsto na Lei nº 13.288/2016, que permaneceriam em vigor mesmo após a edição da nova codificação.

Embora com aplausos de uma parte identificada da doutrina nacional, o projeto de código comercial é alvo de pesadas críticas por parte de renomados comercialistas. As palavras dos professores Carlos Henrique Abrão, Érica Gorga, Rachel Stajn e Haroldo Malheiros Duclerc Verçosa traduzem bem o espírito dessas críticas:

> O dinamismo da globalização e da vida empresarial contemporânea requer modelo regulatório baseado em microssistemas, que não permitem macrodisciplinas. Isso não apenas pela demora na tramitação, mas, sobre-

tudo, pela imensa dificuldade de sistematização universal de normas que regulem a realidade empresarial mutável e multifacetada, que muitas vezes demanda reformas rápidas e pontuais, como é o caso da regulação financeira e de mercado de capitais. O projeto que tramita desde 2011 não merece aplausos, mas sim críticas. Isso porque estiliza conflitos, contradições, e reforma o recém-introduzido Código de Processo Civil nos aspectos da dissolução parcial de sociedade e ainda no enfoque da desconsideração da personalidade jurídica, criando, além disso, desastroso espaço para regulamentar o agronegócio.[63]

Especificamente quanto ao agronegócio, a proposta de regulamentar o "direito do agronegócio" como parte especial do direito comercial é decorrente da ideia defendida por BURANELLO, de que seria possível identificar um ramo autônomo do direito com vistas a demarcar de forma direta e objetiva a matéria correspondente à disciplina das relações jurídicas respectivas à produção, armazenamento, comercialização e financiamento da agricultura, que não corresponderia ao direito agrário por não possuir denominadores comuns de valores. Segundo esse autor, os diversos instrumentos específicos relacionados às atividades econômicas vinculadas às atividades agropecuárias demandaria a identificação de um regime jurídico coerente com a materialidade econômica do agronegócio[64].

É de se indagar, no entanto, qual seria essa materialidade que necessite uma nova disciplina, se não a própria agrariedade, elemento aglutinador e definidor do direito agrário. Como ensina SCAFF, o direito agrário, há muito, não corresponde a um direito fundiário,

---

[63] Veja-se, para ilustrar o debate, as críticas ao Projeto de Código Comercial desveladas por ABRÃO, Carlos Henrique et al. A desvalia do novo Código Comercial. *O Estado de São Paulo*. Espaço Aberto. Edição de 10 de Junho de 2016. Disponível em <http://opiniao.estadao.com.br/noticias/geral,a-desvalia-do-novo-codigo-comercial,10000056353>. Acesso em 09.10.2016.

[64] BURANELLO, Renato. A autonomia do direito do agronegócio. *Revista de Direito Mercantil, Industrial, Econômico e Financeiro*, São Paulo, v. 46, nº 145, p. 185-93, jan./mar. 2007.

mas ao direito da empresa agrária[65]. Essa relação intrínseca do direito agrário com o fenômeno de empresa transfere para o direito agrário diversos elementos tradicionalmente vinculados ao direito comercial, mas cuja comercialidade deixou de ter sentido após a unificação do direito das obrigações. Dentre esses, destaca-se o estabelecimento agrário como projeção patrimonial da empresa agrária, cuja noção corrobora ainda mais com a desvinculação do direito agrário do fundo rústico e do imóvel rural[66].

A tentativa de desvincular o agronegócio do direito agrário implica a negação de uma realidade dogmático-jurídica estabelecida que transcende a experiência brasileira e, além do mais, ignora o que define as relações jurídicas correspondentes. O agronegócio, com efeito, não se define pela complexidade das relações econômicas estabelecidas entre os agentes em torno dos produtos agropecuários. Essa complexidade, pode se dar em qualquer ramo da economia. O que distingue o agronegócio é a peculiaridade dos produtos agropecuários, cuja produção, comercialização e distribuição estão diretamente relacionadas com o ciclo agrobiológico.

A especialidade do agronegócio em relação às outras realidades econômicas e sociais está na agrariedade, que, por sua vez, é o fenômeno que define a especialidade do direito agrário[67], disciplina que continua atual e suficiente para compreender os institutos do direito privado à luz da realidade econômica e social das atividades agrárias, inclusive no complexo contexto atual, do agronegócio.

---

[65] SCAFF, Fernando Campos. *Origens, evolução e biotecnologia*. São Paulo: Atlas, 2012, p. 18.
[66] Idem. *Teoria Geral do Estabelecimento Agrário*. São Paulo: Ed. Revista dos Tribunais, 2001.
[67] MATTIA, Fabio Maria de. *A modernidade dos contratos agrários*. Revista da Faculdade de Direito da Universidade de São Paulo, São Paulo, v. 99, p. 124, 2004.

Capítulo 2
Contratos Agrários e Contratos Agroindustriais: Delineamentos Jurídicos

2.1. Os contratos agrários: uma categoria à luz da agrariedade
A doutrina tradicional agrarista limitava o objeto do direito agrário à regulação dos direitos e obrigações concernentes aos bens imóveis rurais, para os fins de execução da reforma agrária e de promoção da política agrícola[68]. Dessa perspectiva, os contratos agrários também estariam limitados àqueles que têm por objeto a posse do fundo rústico para destinação agrária, como ocorre nos contratos de arrendamento e de parceria, os quais são regulados pela legislação agrária sob os princípios que regulam o uso da propriedade rural.

Conforme esclarece DE MATTIA, os contratos agrários foram submetidos aos princípios da ordem social e econômica, uma vez que se transformam, sob o ponto de vista da legislação agrária, em instrumentos jurídicos a serviço do cumprimento da função social da propriedade. As noções de função social da propriedade rural e função social dos contratos agrários se interligam em caráter de complementariedade[69].

DE MATTIA demonstra duas correntes que relacionam os contratos agrários ao exercício da empresa. A primeira justifica a existência dos contratos agrários como categoria contratual diferenciada,

---

[68] OPITZ, Osvaldo; OPITZ, Silvia. *Princípios do Direito Agrário*. Rio de Janeiro: Borsoi, 1970, p. 51.
[69] MATTIA, Fabio Maria de. A modernidade dos contratos agrários. *Revista da Faculdade de Direito da Universidade de São Paulo*, São Paulo, v. 99, p. 87-132, 2004.

caracterizada pela realização da empresa agrária em terreno alheio. Segundo essa corrente, a especialidade dos contratos agrários consubstancia-se porque neles um verdadeiro empresário conduz a exploração e assume seus riscos ou os divide com o proprietário do fundo que concede seu uso[70].

O autor chama a atenção, no entanto, para a existência de uma segunda corrente, adotada por Carrozza, que apresenta a categoria dos contratos agrários de forma mais ampla e desvinculada da relação com a terra. Segundo o professor, o italiano demonstrava que, para alcançar o contrato agrário, o importante é buscar o laço de união entre empresa constituída e o contrato que a constitui. A causa primeira do contrato agrário, segundo essa perspectiva, seria a constituição da empresa[71]. Uma vez constituída a empresa agrária, todos os contratos estipulados pelo empresário para o exercício da organização dela são igualmente considerados como contratos "agrários"[72].

De fato, Carrozza diferencia duas categorias de contratos agrários: a) contratos para a empresa agrária e b) contratos de empresa agrária[73]. Os primeiros seriam aqueles contratos cuja causa é a própria realização da empresa agrária. Os outros seriam todos os demais contratos firmados pelas empresas agrárias, para finalidades diversas no âmbito da sua atividade empresarial (agrária).

Os contratos para empresa agrária são os contratos agrários em sentido estrito e tradicional, como é o caso dos contratos de parceria e arrendamento. Esses contratos têm por objeto a cessão do fundo rústico para que se exerça a empresa agrária e estão diretamente relacionados ao cumprimento da função social da propriedade rural, sendo ainda destacados pela doutrina agrarista por sua importância

---

[70] Ibidem, p. 88.
[71] MATTIA, Fabio Maria de. *A modernidade dos contratos agrários*. Revista da Faculdade de Direito da Universidade de São Paulo, São Paulo, v. 99, p. 89, 2004.
[72] Ibidem, p. 90.
[73] CARROZZA, Antonio. Consideraciones sobre la tipificación del contrato agroindustrial. In: CARROZZA, Antonio; ZELEDÓN, Ricardo Zeledón. *Teoría general e institutos de derecho agrario*. Buenos Aires: Astrea, 1990, p. 323.

axiológica no âmbito do direito agrário, especialmente no sentido de conferir utilidade produtiva ao imóvel rural.

Ainda que a atividade agrária não se limite ao simples cultivo da terra[74] e que ela, em tese, possa se fazer fora do fundo rústico, é de se destacar, na esteira da lição de SCAFF, que o imóvel rural ainda mantém, mesmo sob a ótica moderna da empresa agrária, uma função central e preponderante[75].

Os contratos agrários em sentido estrito, por consequência, sofrem interferência direta do estatuto jurídico especial aplicável aos imóveis rurais[76] os quais, como bens de produção que são, devem estar inseridos no contexto produtivo para cumprir sua função social, numa perspectiva que vai além da disciplina estática dos direitos de propriedade, assumindo uma diretriz dinâmica, vinculada ao poder-dever de dar utilidade produtiva do imóvel, como poder de destinação[77].

A destinação produtiva aos imóveis rurais, que somente pode ser garantida por meio da empresa agrária[78], influencia os contratos agrá-

---

[74] SOLDEVILLA, Antonio. La empresa agraria como núcleo central y vehículo del derecho agrario actual y para el siglo XXI. *Revista Argentina de Derecho Agrario y Comparado*, Rosario, v. 2, nº 2, p. 99, jul. 1993.

[75] SCAFF, Fernando Campos. A função social dos imóveis agrários. *Revista dos Tribunais*, São Paulo, v. 94, nº 840, p. 107-113, out.2005.

[76] Nesse sentido, citamos a lição de Vicenzo Roppo de que o conteúdo do direito de propriedade tem conformação diversa conforme a diversidade dos bens, sendo possível identificar tantos diversos direitos de propriedade, quantos estatutos diferenciados de bens. (ROPPO, Vicenzo. *Diritto Privato*. 4ª ed. Torino: G. Giappichelli, 2014, p. 201). Justifica-se, dessa forma, o entendimento de que, aos bens de produção, caberia identificar um estatuto proprietário próprio, vinculado à sua função produtiva apresentado por Gustavo TEPEDINO. (Contornos Constitucionais da propriedade Privada. In: _____. *Temas de Direito Civil*. 4ª ed. Rio de Janeiro: Renovar, 2008, p. 336). No mesmo sentido, SCIRIOLLI, Marcelo. *Direito de Propriedade*: evolução, aspectos gerais, restrições, proteção, função social; Política agrária: conformação, instrumentos, limites. São Paulo: Juarez de Oliveira, 2007, p. 63.

[77] COMPARATO, Fabio Konder. Função social da propriedade dos bens de produção. *Revista de Direito Mercantil, Industrial, Econômico e Financeiro*, São Paulo, v. 25, nº 63, p. 71-79. jul./set. 1986.

[78] SCAFF, Fernando Campos. *Teoria Geral do Estabelecimento Agrário*. São Paulo: Ed. Revista dos Tribunais, 2001, p. 116.

rios e o seu regulamento diretamente, pois esta, e não a simples cessão da terra, passa a ser a função primordial dos contratos agrários que tenham por objeto o imóvel rural: permitir aos proprietários não empresários agrários que possam dar destinação produtiva ao imóvel rural, por meio da celebração de contrato com terceiro, cumprindo, por intermédio deste, a função social da sua propriedade[79].

Evidentemente, no entanto, não se pode limitar a empresa agrária aos objetivos do imóvel rural. Nesse sentido, interessam ao direito agrário também os contratos chamados por CARROZZA de contratos agrários de empresa agrária. Esses são aqueles contratos que a empresa agrária celebra para atingir os seus interesses individuais e econômicos no âmbito da realização da atividade agrária. Sendo assim, nem sempre ambas as partes serão empresas agrárias, mas são as partes que se relacionam numa cadeia econômica cada vez mais complexa, incluindo desde a aquisição de insumos, a contratação de serviços para a produção e a venda para processamento e comercialização dos produtos produzidos pela empresa agrária.

A esse respeito DE MATTIA explica que a evolução da concepção de contratos agrários se dá com a teoria de MASSART, segundo quem a "agrariedade" como causa do contrato é e permanecerá um ponto inabalável do direito agrário. Segundo esse autor, com a evolução da disciplina agrária, o fundo vai perdendo cada vez mais a posição central que ocupava no passado e já não é mais o elemento indispensável e de maior valor econômico da exploração. O núcleo fundamental

---

[79] Como dissemos acima, tendo em vista a distinção entre os conceitos de empresa rural, do Estatuto da Terra, e propriedade produtiva, da Constituição de 1988, que tornam o imóvel rural imune à desapropriação e a *fattispecie* de empresa agrária, não há, por outro lado, garantia de que o imóvel cedido em arrendamento ou em parceria não seja objeto de desapropriação para fins de Reforma Agrária. Com efeito, para essa imunidade à desapropriação não basta o cumprimento da função social, nem a destinação produtiva do imóvel; é fundamental uma produtividade qualificada, conforme os índices estabelecidos em Lei. Em outras palavras, mesmo que esteja, sob o aspecto econômico, cumprindo sua função social, o imóvel rural pode ser desapropriado para fins de reforma agrária. Por outro lado, pode ser que, por atingir índices mínimos de produtividade, o imóvel rural, mesmo não estando inserido no contexto produtivo, como seria, nos termos da doutrina citada, sua função social, poderia ficar imune à desapropriação.

da atividade agrícola deixa, portanto, de ser o fundo rústico e passa a ser o ciclo biológico da criação de seres vivos, animais ou vegetais, utilizando as forças da natureza, acrescido, ainda do elemento de empresa[80].

DE MATTIA defende que a obtenção da utilização das energias naturais para praticar a cultura das plantas e a criação de animais parece ser a verdadeira causa "genérica" do contrato agrário. Se prontamente nasce a empresa, esta causa genérica estreitamente conexa ao ciclo biológico virá a ser também objeto da empresa[81]. Para o agrarista, o contrato agrário tem atributos próprios, idôneos, a se conceber uma teoria geral em algum modo diferenciada em relação à teoria geral do contrato civil. As técnicas de conversão do contrato, realizadas pela adesão a esquemas preestabelecidos pelo legislador, diferem profundamente daquelas para a formação ordinária do contrato[82]. Nesse sentido, não só os contratos típicos, de parceria e de arrendamento, serão considerados contratos agrários, mas também outros numerosos contratos típicos e atípicos, especialmente os contratos de financiamento, os contratos de consórcio e os contratos agroindustriais[83].

FERNANDEZ et. al adotam o paradigma da empresa agrária, mas entendem que o conceito de contrato agrário não está claramente delimitado. Apontam, dessa forma, lições da doutrina que conceituavam os contratos agrários como aqueles que tendem a desenvolver a atividade agrícola mediante o cultivo e a produção da terra e, mais recentemente, como contratos cuja finalidade típica é a obtenção de um rendimento econômico mediante a atribuição de direitos de aproveitamento de bens e destinação destes à produção agrícola, silvícola e pecuária, com finalidade econômica, de mercado, além de outras definições baseadas na delimitação do direito positivo. Embora esses autores neguem a possibilidade de uma teoria geral do contrato agrário, defendem que a noção de contrato agrário pode ser

---

[80] MATTIA, Fabio Maria de. *A modernidade dos contratos agrários*. *Revista da Faculdade de Direito da Universidade de São Paulo*, São Paulo, v. 99, p. 95, 2004.
[81] Ibidem, p. 96.
[82] Ibidem, p. 99.
[83] Ibidem, p. 101.

empregada sempre que tenha sentido a relação de um tipo de contrato com a exploração agrícola ou que exista um suporte nos dados normativos do ordenamento[84].

Os autores espanhóis chamam a atenção para algumas cautelas que devem ser consideradas no estudo dos contratos agrários e que parecem ser absolutamente aplicáveis também à realidade brasileira. Em sua visão, nem sempre o conceito de contrato se amolda plenamente à realidade agrária, uma vez que voluntarismo e consensualismo sempre captaram mal as relações agrárias. A doutrina tradicional também é questionada diante das diversas alterações que a atividade agrícola passou nas últimas décadas e que certamente não poderiam ter sido previstas e adequadamente assimiladas pela doutrina agrarista da década de 1970[85].

Não obstante os múltiplos usos para os contratos agrários, a sua função econômica deve possuir um papel de centralidade, pelo que a classificação dos contratos agrários não pode ignorar o conceito de exploração econômica e a diferença entre os distintos fatores de produção em relação aos distintos mercados, em especial o mercado de terras, de produtos, de crédito e a sua função de organização. Não são todos os contratos celebrados pelo empresário agrícola, seja para constituir uma empresa, seja a serviço da empresa agrária, que terão relevância como contratos agrários. Apenas quando a agrariedade, ou melhor, quando o ciclo agrobiológico conduzido pela empresa agrária se mostra relevante é que se pode falar em contrato agrário[86].

FERNANDEZ et. al também apontam para a importância de se reconhecer que, durante toda uma época, as relações entre a propriedade privada da terra, o trabalho e o capital foram particularmente conflituosas na atividade agrária. As intervenções estatais no âmbito dos contratos, no entanto, não podem ser consideradas como princípios gerais dos contratos agrários, pois visam a correções pontuais ou conjunturais de alguns tipos de obrigações que não têm relação com

---

[84] FERNANDEZ, José A. Navarro et. al. *Introdución al Derecho Agrario*. Valencia: Tirant, 2005, p. 375.
[85] Idem.
[86] Idem.

a atividade agrária. Em sua visão, no âmbito da atividade agrária, não há sentido em buscar analogias com o direito do consumo e qualificar os agricultores necessariamente como parte hipossuficiente da relação jurídica. Eventuais distorções das posições contratuais serão, por conseguinte, objeto das condições gerais dos contratos[87].

De fato, embora o tema agrário seja repleto de considerações sociais, não são essas tensões que qualificam o direito agrário e seus institutos. Como estabelece SCAFF, é a agrariedade o elemento que exerce função qualificadora dos institutos do direito agrário[88]. A agrariedade qualifica a empresa agrária, pela atividade exercida pelo empresário, vinculada ao ciclo biológico, vegetal ou animal, mediante o desfrute das forças ou dos recursos naturais, que são economicamente utilizados na obtenção de frutos, vegetais ou animais[89] e, portanto, qualifica também os contratos agrários, vinculados ou não a essa atividade.

Mais uma vez, é por meio do seu envolvimento com o ciclo agrobiológico que o contrato se qualifica como agrário, devendo deste extrair-se a sua função especial, merecedora de tutela, a impor às partes obrigações especiais, que não se estendem aos contratos alheios ao contexto agrário.

Para os contratos agrários típicos, por exemplo, o Estatuto da Terra estabelece a obrigatoriedade de respeitar prazos mínimos, bem como a prorrogação automática dos prazos pactuados para possibilitar a ultimação da colheita (Artigos 95 e 96 do Estatuto da Terra[90]).

---

[87] FERNANDEZ, José A. Navarro et. al. *Introdución al Derecho Agrario*. Valencia: Tirant, 2005, p. 375.
[88] SCAFF, Fernando Campos. *Origens, evolução e biotecnologia*. São Paulo: Atlas, 2012, p. 18.
[89] CARROZZA, Antonio; ZELEDÓN, Ricardo Zeledón. *Teoría general e institutos de derecho agrario*. Buenos Aires: Astrea, 1990, p. 64.
[90] Estatuto da Terra. Art. 95. Quanto ao arrendamento rural, observar-se-ão os seguintes princípios:
I – os prazos de arrendamento terminarão sempre depois de ultimada a colheita, inclusive a de plantas forrageiras temporárias cultiváveis. No caso de retardamento da colheita por motivo de força maior, considerar-se-ão esses prazos prorrogados nas mesmas condições, até sua ultimação;

Esses dispositivos decorrem exclusivamente do interesse em preservar a situação jurídica de pessoas hipossuficientes, mas estão diretamente relacionados com a ação do ciclo agrobiológico e com o vínculo entre a finalidade do contrato e o fato técnico.

Desse ponto de vista, não teria evidentemente qualquer sentido obrigar a devolução da posse do imóvel cedido com a finalidade de produção agropecuária antes da realização da colheita ou mesmo impor que o contrato tivesse uma duração inferior à maturação dos frutos que se pretende colher. A vontade das partes do contrato, no contrato agrário, deve, portanto, vincular-se ao fato técnico natural, ou seja, ao ciclo agrobiológico intrínseco à atividade agrária.

Esse é um princípio que já foi admitido pelos tribunais brasileiros, inclusive para derrogar as regras do Estatuto da Terra, cuja obrigatoriedade sempre é bradada por alguns agraristas, sem muito se preocuparem com sua finalidade. Veja-se, por exemplo, o precedente do acórdão do Superior Tribunal de Justiça, nos autos do Recurso Especial nº 11.101-0-PR, relatado pelo Ministro Eduardo Ribeiro. No precedente, afastou-se a aplicação dos prazos mínimos estabelecidos pelo Decreto nº 59.566/66[91], sob o corretíssimo argumento de que o regulamento ofendeu o princípio legal ao estabelecer um

II – presume-se feito, no prazo mínimo de três anos, o arrendamento por tempo indeterminado, observada a regra do item anterior;
III – o arrendatário, para iniciar qualquer cultura cujos frutos não possam ser recolhidos antes de terminado o prazo de arrendamento, deverá ajustar, previamente, com o arrendador a forma de pagamento do uso da terra por esse prazo excedente; (...)
Art. 96. Na parceria agrícola, pecuária, agroindustrial e extrativa, observar-se-ão os seguintes princípios:
I – o prazo dos contratos de parceria, desde que não convencionados pelas partes, será no mínimo de três anos, assegurado ao parceiro o direito à conclusão da colheita, pendente, observada a norma constante do inciso I, do artigo 95; (...)
V – no Regulamento desta Lei, serão complementadas, conforme o caso, as seguintes condições, que constarão, obrigatoriamente, dos contratos de parceria agrícola, pecuária, agroindustrial ou extrativa: (...)
b) prazos mínimos de duração e os limites de vigência segundo os vários tipos de atividade agrícola;"
[91] Art 13. Nos contratos agrários, qualquer que seja a sua forma, contarão obrigatoriamente, clausulas que assegurem a conservação dos recursos naturais e a proteção

prazo mínimo de 3 (três) anos para os contratos de parceria e arrendamento sem considerar a especificidade de cada cultura, admitindo, portanto, a livre contratação do prazo desses contratos[92].

No mesmo sentido, ao julgar o recurso de Apelação nº 163365-8, o extinto Tribunal de Alçada do Paraná afastou a incidência do prazo mínimo obrigatório para contratos de arrendamento, admitindo a preservação da vontade das partes em contratar um prazo menor, desde que este tenha sido suficiente para a ultimação da colheita para o qual o contrato havia sido celebrado[93].

social e econômica dos arrendatários e dos parceiros-outorgados a saber (Art. 13, incisos III e V da Lei nº 4.947-66):
II – Observância das seguintes normas, visando a conservação dos recursos naturais:
a) prazos mínimos, na forma da alínea " b ", do inciso XI, do art. 95 e da alínea " b ", do inciso V, do art. 96 do Estatuto da Terra:
– de 3 (três), anos nos casos de arrendamento em que ocorra atividade de exploração de lavoura temporária e ou de pecuária de pequeno e médio porte; ou em todos os casos de parceria;
– de 5 (cinco), anos nos casos de arrendamento em que ocorra atividade de exploração de lavoura permanente e ou de pecuária de grande porte para cria, recria, engorda ou extração de matérias primas de origem animal;
– de 7 (sete), anos nos casos em que ocorra atividade de exploração florestal;

[92] Estatuto da Terra. A disposição do Dec. 59.566/66, estabelecendo, indistintamente, prazo mínimo de três anos para todos os contratos de parceria agrícola, não atendeu ao disposto no art. 96, V, b, da Lei 4.504/64, que admitiu pudesse o regulamento prever prazos mínimos, consoante o tipo de atividade agrícola. Há de prevalecer o disposto no item I do mesmo artigo, entendendo-se que o prazo mínimo de 3 anos poderá ser afastado pela vontade das partes". REsp 11.101-0-PR, 3.ª T. do STJ, relator Min. Eduardo Ribeiro, DJU de 29.06.1992, p. 10.315.

[93] Veja-se a ementa do julgado: ARRENDAMENTO RURAL – Contrato por tempo certo – Exploração de lavoura de pequeno e médio porte – Contratação por tempo inferior a três anos – Admissibilidade se for suficiente à ultimação da colheita pelo arrendatário para que possa tirar da terra o fruto de seu trabalho. É possível a contratação do arrendamento rural por prazo certo ou por prazo incerto e, neste último caso, a lei determina o prazo mínimo de sua duração, a saber, de três anos para a exploração de lavoura de pequeno e médio porte. Todavia, não está obstada a contratação por tempo inferior a três anos, desde que seja suficiente à ultimação da colheita pelo arrendatário para que possa tirar da terra o fruto de seu trabalho. (TAPR – Ap 163.365-8 – 6.ª Câmara – j. 19/3/2001 – julgado por Anny Mary Kuss Serrano – DJPR 6/4/2001 – Área do Direito: Civil).

De fato, ainda que não se tenha, na doutrina agrarista nacional, uma teoria geral para a interpretação dos contratos agrários nesse sentido, parece-nos que a interpretação que vem sendo dada pelos tribunais está alinhada com os preceitos mais modernos e corretos do direito agrário. Com efeito, se é a agrariedade que qualifica os institutos do direito agrário, diferenciando-os em função da relação com o ciclo agrobiológico, é em função dessa relação que devem ser interpretadas as relações jurídicas agrárias. O fato técnico, vinculado ao ciclo produtivo das plantas e animais explorados pelo empresário agrário, é que deve determinar o regulamento jurídico aplicável às relações agrárias, sejam elas as tradicionais, envolvendo a posse da terra para fins econômicos, sejam elas as relativas a relações complexas do agronegócio, envolvendo o nexo de atividade das empresas agrárias e suas contrapartes.

2.2. Os contratos agrários agroindustriais: delineamentos gerais
Se na atividade agrária tradicional destacavam-se os contratos agrários vinculados à disponibilidade da terra, na economia agrária moderna, estabelecida por meio de Sistemas Agroindustriais (SAGs), destacam-se em importância os contratos agroindustriais.

Os contratos agroindustriais têm por objetivo inserir a empresa agrária no âmbito do sistema agroindustrial, vinculando essa, responsável pela atividade agrária propriamente dita, ao mercado consumidor dos seus produtos por meio de uma aliança na cadeia agroindustrial que conecta o fornecimento de insumos, o processamento dos agropecuários e a destinação ao mercado consumidor, por distintos canais de comercialização e logística.

Conforme reconheceu Zylberstajn, os SAGs não se estabelecem de forma linear, mas em forma de rede, em que cada um dos agentes se relaciona com um ou mais agentes, sendo todas as relações interdependentes entre si[94]. Essas características não escapam à disci-

---

[94] Zylberstajn, Décio. Conceitos gerais, Evolução e Apresentação do Sistema Agroindustrial. In: _____. *Economia dos Negócios Agroalimentares: Indústria de Alimentos, Industria de insumos, Produção Agropecuária e Distribuição*. Décio Zylbestajn; Marcos Fava Neves (orgs). São Paulo: Pioneira, 2000, p. 15.

plina dos contratos agroindustriais, que são necessariamente complexos, estabelecidos entre duas partes, por meio de contratos coligados ou de redes de contratos, que podem influenciar diretamente o interesse de terceiros.

CARROZZA ensina que os contratos agroindustriais são contratos complexos, que são cada vez mais celebrados na dinâmica moderna das atividades agrárias, especialmente em virtude da necessidade de planificar a produção, programar a transformação e a colocação no mercado dos produtos agrícolas, de modo a adequar a oferta, em quantidade e qualidade à demanda interna e externa[95]. Segundo o autor, relativamente ao direito italiano, trata-se de contratos atípicos, ainda sem o suporte legislativo, ficando a sua disciplina na obra criativa da doutrina. Assim, defende que a sua adequada compreensão deve considerar duas premissas metodológicas. Em primeiro lugar, não deve deixar-se condicionar por outra solução assumida pelo ordenamento nacional; segundo o autor, o contrato agroindustrial tem muitas almas, todas em busca de um corpo no qual possam coexistir. Em segundo lugar, deve-se buscar a sintonia desejável na correlação entre os fins práticos e a dotação de instrumentos jurídicos com a teoria do direito agrário[96].

DE MATTIA define que o contrato agroindustrial serve ao empresário agrário essencialmente para realizar o fim de alienação dos produtos, o que aproxima esse contrato de um subtipo de compra e venda[97]. De fato, a abordagem sistêmica do agronegócio, tomando em consideração o conceito de cadeias produtivas, visa a demonstrar que a atividade agrária se dá no âmbito de uma sequência de atividades que transformam uma *commodity* em um produto pronto para o con-

---

[95] CARROZZA, Antonio. Consideraciones sobre la tipificación del contrato agroindustrial. In: CARROZZA, Antonio; ZELEDÓN, Ricardo Zeledón. *Teoría general e institutos de derecho agrario*. Buenos Aires: Astrea, 1990, p. 321.
[96] Ibidem, p. 322.
[97] CARROZZA, Antonio. Consideraciones sobre la tipificación del contrato agroindustrial. In: CARROZZA, Antonio; ZELEDÓN, Ricardo Zeledón. *Teoría general e institutos de derecho agrario*. Buenos Aires: Astrea, 1990, p. 323.

sumidor final[98]. Evidentemente, entretanto, pela complexidade das cadeias agroindustriais, esses contratos vão muito além da mera circulação de mercadorias agrícolas.

Segundo PAIVA, os contratos agroindustriais exercem diversas funções na economia agrícola. Eles atuam como instrumento de modernização da agricultura, por meio da estruturação de cadeias complexas de geração de valor; dessa forma, ajudam a fortalecer a atividade empresarial no campo, por meio da minimização dos riscos existentes e a adoção de melhores padrões de organização; permitem, ainda, a inclusão de pequenos produtores no mercado agrícola organizado, ao proporcionar-lhes garantias relacionadas tanto ao acesso aos mercados e aos meios de produção quanto à assistência técnica[99].

Essas características são reconhecidas por DE MATTIA ao esclarecer que os contratos agroindustriais estão sujeitos a uma pluralidade de causas, sendo uma delas a circulação dos produtos agrícolas, mas com destaque para uma supercausa, a qual prevalece sobre qualquer outra, de realizar uma coordenação de atividades pertencentes a duas empresas distintas e com natureza diferente, o que faz destacar o caráter associativo desses contratos[100].

Os contratos agroindustriais sintetizam, por consequência, o que se entende pelo moderno conceito de agronegócio, em que as relações de produção e de comercialização na agricultura, na pecuária e na produção de florestas, fazem-se não mais em cadeias de valor, mas em dinâmicas redes de negócios, interligadas por vínculos contratuais de empresários de diversos setores em torno da produção agrícola.

---

[98] ZYLBERSTAJN, Décio. Conceitos gerais, Evolução e Apresentação do Sistema Agroindustrial. In: _____. *Economia dos Negócios Agroalimentares: Indústria de Alimentos, Industria de insumos, Produção Agropecuária e Distribuição*. Décio Zylbestajn; Marcos Fava Neves (orgs). São Paulo: Pioneira, 2000, p. 11.

[99] PAIVA, Nunziata Stefania Valenza. Contornos jurídicos e matizes econômicas dos contratos de integração vertical agroindustriais no Brasil. *Revista de Direito Mercantil, Industrial, Econômico e Financeiro*, ano XLV, v. 144, p. 84-106, 2006.

[100] MATTIA, Fabio Maria de. A modernidade dos contratos agrários. *Revista da Faculdade de Direito da Universidade de São Paulo*, São Paulo, v. 99, p. 114, 2004.

Para DE MATTIA, a categoria dos contratos agroindustriais é indiscutível quanto à sua existência. O contrato agroindustrial pode ser identificado, em sentido amplo, em todos os acordos entre empresários agrícolas, zootécnicos e fitotécnicos, e empresários comerciais, industriais ou comerciantes, por meio de uma integração vertical das atividades agrícola e comercial, da qual nascem obrigações recíprocas da mais variadas índoles destinadas a viabilizar a produção de um determinado produto com características determinadas. O empresário agrário faz a gestão da agricultura dirigida para esta finalidade própria, recebendo em contraprestação da produção dirigida e de valor agregado, serviços e assistências do empresário comercial ou industrial que vão além do pagamento dos seus produtos[101].

Os contratos agroindustriais podem consistir em contratos individuais de cultivo e de cessão de produtos agrícolas. As características deste tipo contratual ainda inominado são: oneroso, consensual, forma livre, não *intuitu personae*, sendo comum o anseio da doutrina para que haja sua tipificação legal, definindo, entre outras medidas, os seus efeitos reais e obrigacionais[102]. Nesse sentido, é importante mencionar que o contrato agroindustrial não se confunde com a parceria agroindustrial, regulada pelo Estatuto da Terra (Art. 92) e pelo Art. 5o, inciso, III, do Decreto nº 59.566, de 14 de novembro de 1966[103].

DE MATTIA estabelece que os contratos agroindustriais se caracterizam como contrato agrário porque a atividade agroindustrial é conexa à de produção agrária. Assim, o contrato estabelece certa relação de conexão entre o empresário agrário e o empresário comercial. Trata-se do suporte jurídico para a integração vertical que se faz em torno do empresário comercial que realiza atividades industriais e comerciais, mas cuja atividade não se faz factível sem a existência

---

[101] MATTIA, Fabio Maria de. *A modernidade dos contratos agrários*. Revista da Faculdade de Direito da Universidade de São Paulo, São Paulo, v. 99, p. 114, 2004, p. 112.
[102] Ibidem, p. 116.
[103] Ibidem, p. 117.

da empresa agrária, de onde se origina o ciclo produtivo[104]. O Contrato agroindustrial é, por conseguinte, um contrato de exercício da empresa agrária, por meio do qual empresários agrários e comerciais interagem, obtendo benefícios mútuos[105].

De fato, não bastasse os contratos agroindustriais estarem afetados pela atividade da empresa agrária, é indiscutível que esses contratos possuem também um vínculo com o ciclo agrobiológico a justificar a sua agrariedade.

A função desses contratos é integrar a produção da empresa agrária ao Sistema Agroindustrial e por isso o seu regulamento se presta ao objetivo econômico de viabilizar a eficiência do SAG. É essencial que o contrato agroindustrial estabeleça uma relação harmônica entre o ciclo agrobiológico sob responsabilidade da empresa agrária e as demais atividades dos agentes econômicos que participam de um mesmo sistema agroindustrial.

Os contratos agroindustriais são, por conseguinte, o reflexo jurídico de arranjos organizacionais híbridos de integração vertical, pelo qual empresas cooperam sem fundir suas atividades. Trata-se de um arranjo alternativo à verticalização absoluta das atividades, com assunção das atividades agrárias pelas empresas agroindustriais e dos arranjos sem qualquer integração vertical, em que as empresas produtoras de produtos agrícolas e as empresas processadoras se relacionam por meio de simples contratos de compra e venda em sistema de mercado *spot*[106].

As definições dessas três modalidades básicas de arranjos organizacionais (verticalização, integração e mercados) correspondem a modalidades diferentes de contratos agrários de empresa agrária e

---

[104] MATTIA, Fabio Maria de. *A modernidade dos contratos agrários*. Revista da Faculdade de Direito da Universidade de São Paulo, São Paulo, v. 99, p. 114, 2004, p. 113.
[105] MATTIA, Fabio Maria de. *A modernidade dos contratos agrários*. Revista da Faculdade de Direito da Universidade de São Paulo, São Paulo, v. 99, p. 114, 2004, p. 114.
[106] FISCHER, Augusto. O fomento na indústria de base florestal. *Informe Gepec*, Toledo, v. 13, nº 2, p. 6-19, jul./dez. 2009.

para empresa agrária[107]. Quando tratamos da verticalização da produção, o produtor e o processador se confundem, já que a atividade agrária passa a ser exercida pela empresa agroindustrial. Nessas hipóteses, verificam-se contratos agrários para empresa agrária, em que o objeto do contrato é o exercício da empresa.

Quando, ao contrário, o SAG se estabelece em sistema de mercado, as empresas agrárias se estabelecem com total independência operacional, firmando contratos independentes entre si, tais como contratos de compra e venda, de fornecimento, de prestação de serviços e cessão de tecnologia, que nem sempre serão contratos agrários. Com efeito, mesmo quando tratarem de aquisição de material genético, insumos, serviços de plantio, tratos culturais, etc[108], esses contratos não necessariamente terão relação direta com o ciclo agrobiológico.

Nas formas híbridas de integração vertical, distintamente, a agrariedade se torna central aos contratos. Com efeito, a atividade agrária se torna o elemento núcleo da cooperação das diferentes empresas que passam a coordenar o fornecimento de insumos, atividades industriais e de comercialização com os ciclos agrobiológicos da empresa agrária. Por isso, diz-se que os contratos agroindustriais superam a função de mera transação de produtos e meios de produção para organizar a atividade agrária estabelecendo uma coordenação desta com o SAG. Esquematizamos a seguir os diferentes modelos de integração, no intuito de ilustrar a participação dos contratos agrários em cada uma das suas formas:

---

[107] CARROZZA, Antonio. Consideraciones sobre la tipificación del contrato agroindustrial. In: CARROZZA, Antonio; ZELEDÓN, Ricardo Zeledón. *Teoría general e institutos de derecho agrario*. Buenos Aires: Astrea, 1990, p. 323.

[108] É o caso, por exemplo, dos contratos de implantação e conservação de maciços florestais, e dos contratos de colheita florestal, mencionados por Alba Esther Bianchetti. (Contratos para florestales em argentina. In _____. *Desafios do direito agrário contemporâneo*. Flávia Trentini (org). Ribeirão Preto: Altai, 2014, p. 21).

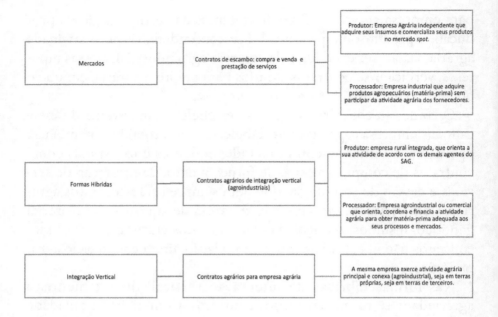

É importante mencionar que, apesar de citações em sentido contrário na literatura econômica dos Sistemas Agroindustriais[109], nem sempre os contratos de arrendamento estarão vinculados a arranjos organizacionais híbridos de integração vertical. Nesse sentido, embora do ponto de vista das empresas industriais esses contratos possam ser considerados dentre as alternativas de obtenção de matéria-prima, é fundamental ter em consideração que o objeto desses contratos se limita à cessão do fundo rústico para que o arrendatário ou o parceiro outorgado possa exercer atividade agrária. Assim, do ponto de vista funcional, estes contratos não são forma de obtenção de matéria-prima, mas de garantir à empresa agrária o insumo fundamental para a produção da maior parte dos produtos agropecuários: a terra. Do ponto de vista econômico, por conseguinte, os contratos agrários típicos podem participar de qualquer um dos arranjos de integração vertical, não sendo efetivos para diferenciar arranjos organizacionais da atividade agrária nos SAGs.

[109] FISCHER, Augusto. O fomento na indústria de base florestal. *Informe Gepec*, Toledo, v. 13, nº 2, p. 6-19, jul./dez. 2009.

Para corroborar com o argumento, cumpre mencionar que a finalidade dos contratos agroindustriais não está propriamente na circulação da produção agropecuária e dos insumos respectivos, mas na destinação produtiva do imóvel rural, de um lado, e na obtenção de terras, por outro. O produto agropecuário, seja como produto da atividade, seja como objeto de mercado, não é essencial a esse tipo de contrato. O mesmo não ocorre nos modelos híbridos de integração, estabelecidos por meio de contratos agroindustriais de integração vertical. A empresa agrária não é finalidade do contrato, mas parte dele e utiliza-se desses contratos como forma de organização dos fatores de produção de modo a integrar a atividade agrária num sistema agroindustrial e garantir a melhor destinação econômica (mercadológica) de seus produtos, especialmente por meio do processamento. Os contratos agrários agroindustriais implicam, com efeito, um modo de agregação de valor à atividade agrária, permitindo que os produtos fabricados pela empresa agrária sejam produzidos não em função do mercado de produções agrícolas primários, mas em função dos produtos finais das empresas integradoras agroindustriais ou comerciais.

2.3. Os contratos agroindustriais no contexto internacional

Se, no Brasil, a integração agropecuária da produção aos mercados ainda é excipiente, nos países mais desenvolvidos, a integração vertical por meio de contratos agroindustriais é muito mais frequente, quando não é a regra do contexto produtivo. A complexidade das relações agroindustriais não significa, entretanto, um tratamento normativo detalhado desses contratos, corroborando, como ocorre no Brasil, a atipicidade desses contratos.

TRAISCI, ao comparar o regime jurídico de França, Itália e Alemanha, menciona que as normas sobre esses contratos nos três países ainda são lacunosas e ensejam discussões doutrinárias acerca de sua aplicação[110]. Para o autor, o fenômeno da integração deve ser com-

---

[110] TRAISCI, Francesco Paolo. I contratti di integrazione verticale in agricoltura in Francia, Germania e Italia. *Rivista di Diritto Agrario*, Milano, v. 71, nº 4, p. 552, ott./dic. 1992.

preendido em seu aspecto econômico, pois pressupõe um sistema em que interagem empresas e sujeitos relacionados a determinada cadeia produtiva, promovendo uma interação econômica dos ciclos produtivos de cada uma das partes. Nesse sentido, divide o fenômeno da integração em três categorias: a) a integração horizontal, que ocorre entre entes pertencentes à mesma categoria econômica; b) a integração vertical, que ocorre entre entes pertencentes a categorias diferentes do ciclo econômico e c) a integração circular, que compreende ambas as formas de integração, simultaneamente[111].

Embora a integração pressuponha interdependência entre as partes, TRAISCI menciona que é mais comum se observar a realização de contratos de 'quase-integração', nos quais permite-se às partes conservarem, principalmente, a sua independência jurídica. Assim, não se fala propriamente em um fenômeno de integração (que implicaria a dependência jurídica e econômica) e nem em liberdade de mercado (que, por sua vez, implicaria a independência jurídica e econômica), mas em relações especiais dentro do mercado[112].

No campo agrícola, a integração horizontal ocorre quando os produtores se associam a fim de colocar os próprios produtos no mercado. A integração vertical, por sua vez, apresenta-se no caso em que uma empresa que desenvolve uma atividade comercial ou industrial procura os produtos necessários a sua própria atividade mediante um ou mais contratos de cultivo e/ou de criação estipulados com um empresário agrícola, acompanhados eventualmente por contratos de administração de matérias-primas, de meios financeiros e de assistência técnica[113]. Trata-se da hipótese dos contratos agroindustriais em que, segundo TRAISCI, a 'quase-integração' se apresenta como um vínculo agregativo mais ou menos estreito, podendo variar da total 'quase-integração' àquela parcial[114].

---

[111] TRAISCI, Francesco Paolo. I contratti di integrazione verticale in agricoltura in Francia, Germania e Italia. *Rivista di Diritto Agrario*, Milano, v. 71, nº 4, p. 553, ott./dic. 1992.
[112] Ibidem, p. 555.
[113] Ibidem, p. 556.
[114] Ibidem, p. 557.

O autor define três características desses contratos nos ordenamentos jurídicos estudados: a) repartição dos riscos com a finalidade de redução ou eliminação das incertezas do processo produtivo de cada uma das partes; b) multiplicidade e particularidade das formas de remuneração acordadas pelas partes, seja para o fornecimento de matéria-prima pelo integrador, seja em relação à qualidade dos produtos produzidos pelo produtor integrado e, por último, c) renúncia, por parte do produtor agrícola, de uma parte, frequentemente considerável, dos seus poderes de autodeterminação em favor do integrador, pela assunção de certas obrigações, dentre as quais o mais frequente é de se conformar à regras técnicas, de submeter-se aos controles de estabilidade da contraparte, de produzir bens que serão exclusivamente entregues ao integrador. Segundo TRAISCI, os contatos de integração poderão ser graduados conforme a liberdade preservada pelas partes, podendo haver situações de muita liberdade, de pouca liberdade e de nenhuma liberdade[115].

Essas características vão ensejar uma diferenciação do tratamento jurídico desses contratos nos diversos países europeus. Segundo o autor, na França, a necessidade de intervenção legislativa sobre essa modalidade de contratação surgiu após a Segunda Guerra Mundial, com a expansão do fenômeno da integração. Assim, foi editada a Lei nº 678/1964, que regulamenta a *agriculture contractuelle* em linha do que já havia sido anunciado pelo governo francês em 1962 com a *orientation agricole*. Segundo esses preceitos, seria necessário adaptar a produção às necessidades do mercado, seja do ponto de vista qualitativo, seja do ponto de vista quantitativo. O produtor rural, considerado contratualmente mais vulnerável que os empresários comerciais e agroindustriais, era merecedor de uma proteção normativa de sua posição contratual, com intervenção estatal, sobretudo no caso de estabelecimento de cooperativas agrícolas e união entre elas, dependente de aprovação pelo Ministério da Agricultura Francês[116].

[115] TRAISCI, Francesco Paolo. I contratti di integrazione verticale in agricoltura in Francia, Germania e Italia. *Rivista di Diritto Agrario*, Milano, v. 71, nº 4, p. 558, ott./dic. 1992.
[116] Ibidem, p. 559.

A intervenção estatal nos contratos agroindustriais na França também se dá por meio dos *Comités économiques agricoles*, aos quais a Lei garante o poder de determinar um preço limite para um produto. A Lei impõe igualmente que, após referendadas pelos agricultores e mediante aval do Ministro da Agricultura, as regras emanadas pelos aderentes sejam obrigatórias a todos os agricultores que atuem na mesma região.

Conforme menciona TRAISCI, a Lei nº 678/1964 disciplina de modos diferentes as contratações coletivas, aplicáveis aos casos de integração vertical, entre uma agroindústria e muitos produtores, e os contratos individuais de integração, entre empresas pertencentes à mesma categoria. A lei é aplicável somente aos contratos em que há um regime recíproco de fornecimento de bens e serviços, diferenciando, portanto, os contratos agroindustriais de integração aos contratos de simples fornecimento. O autor aponta que o legislador francês não distingue a situação em que a reciprocidade contratual é obtida pela estipulação de um ou mais contratos. Os preceitos dos contratos agroindustriais são aplicáveis em todas as hipóteses de integração vertical, não importando se a relação entre as partes é estabelecida por um único contrato ou por uma rede de contratos coligados. A única circunstância que afasta, segundo o autor, a integração vertical é não haver outra contrapartida assumida pelo produtor agrícola que não seja a de pagar o preço dos insumos fornecidos pela outra parte, sem nenhum compromisso respectivo ao fornecimento de sua produção[117].

Segundo TRAISCI, ao não indicar um conceito do que seja reciprocidade (critério usado para definir as hipóteses de contratos de integração), o legislador francês indicou um modelo genérico de contrato de integração, ficando a cargo da jurisprudência preencher a lacuna legislativa à luz da praxe contratual. O autor observa que os tribunais franceses utilizam o critério real, segundo o qual se analisa

---

[117] TRAISCI, Francesco Paolo. I contratti di integrazione verticale in agricoltura in Francia, Germania e Italia. *Rivista di Diritto Agrario*, Milano, v. 71, nº 4, p. 552, ott./dic. 1992, p. 562.

a relação de dominação que pode desenvolver-se nestes tipos de contratos[118].

Para a proteção da parte mais vulnerável, a Lei francesa cuidou de determinar uma série de cláusulas que devem, obrigatoriamente, constar dos contratos de integração agroindustrial, sob pena de nulidade de todo o instrumento. Ainda que seja justificável a proteção do produtor agrícola, a rigidez das normas não é imune a críticas por intervir demasiada e autoritariamente na autonomia contratual das partes[119].

Contrapondo-se ao sistema francês, o Direito Alemão prevê um sistema de integração vertical que preserva a extrema liberdade contratual das partes. TRAISCI descreve que o conceito alemão de contratos de integração vertical (*Vertikale Integration*) compreende uma categoria de relações comerciais mais extensa que a englobada na fórmula de outros países, correspondente à noção genérica de integração vertical (*Vertragslandwirtschaft*). O autor aponta que o ordenamento jurídico alemão não possui Leis específicas que disciplinam diretamente o contrato de integração, apesar de existirem leis de intervenção do Estado na agricultura que são aplicadas a tais contratos. Esse é o caso, por exemplo, da *Markstrukturgesetz* (1975), que disciplina o mercado agrícola e contempla indiretamente os contratos de integração vertical, porque prevê a concessão de subsídios estatais às empresas comerciais ou industriais de transformação que celebrem contratos agroalimentares de longo prazo. De acordo com TRAISCI, baseadas nesses preceitos, a doutrina e a jurisprudência, por meio da análise das práticas contratuais, vêm estabelecendo as diretrizes gerais dos contratos agroindustriais na Alemanha, os quais são reconhecidos como contratos mistos ou atípicos[120].

TRAISCI demonstra, portanto, que, no sistema alemão, a tutela do empresário agrícola integrado é confiada à livre escolha das partes

---

[118] Ibidem, p. 564.
[119] Ibidem, p. 574.
[120] TRAISCI, Francesco Paolo. I contratti di integrazione verticale in agricoltura in Francia, Germania e Italia. *Rivista di Diritto Agrario*, Milano, v. 71, nº 4, p. 579, ott./dic. 1992.

às quais o ordenamento permite estipular contratos que contenham indicações de preço, de duração e de outros elementos acessórios que permitam à parte integrada conhecer, antes de iniciar a sua atividade, os benefícios que obterá e os custos que deverá suportar. O legislador alemão, consciente de que tais contratos custam aos empreendedores agrícolas muitas das vantagens das quais dispunham, estabeleceu alguns benefícios de ordem econômica para compensar a renúncia de tais vantagens, de modo a tornar mais proveitosa a estipulação de contratos conforme as indicações da *MarktstrukturGesetz*[121].

A experiência italiana, para TRAISCI, importa numa solução intermediária entre o previsto na lei francês e a legislação alemã. Segundo o autor, a Lei nº 88, de 16 de março de 1988, também prevê acordos entre associações profissionais e contratos individuais, tendo fixado requisitos necessários para os acordos interprofissionais. O autor destaca ainda que a legislação italiana exige que esses contratos sigam um modelo pré-determinado, em que a tutela do contratante mais vulnerável se dá por meio da previsão do conteúdo necessário dos acordos interprofissionais, que devem preceder e orientar as contratações individuais a ele vinculadas[122].

Nos Estados Unidos, não há uma regulamentação específica dos contratos agroindustriais. Há, no entanto, regulamentações em níveis estaduais e municipais que implicam diferentes consequências na atuação dos contratos nos diversos setores da economia agrária. Nesse sentido, veja-se o caso das legislações estaduais que vedam a aquisição de imóveis rurais por corporações, implicando restrições ao ganho de escala na indústria de carnes[123].

Da mesma forma, destacam-se na realidade americana as regras de intervenção nos mercados com consequências nos contratos agroindustriais, tais como o 'Packers and Stockyards Act', de 1921, que

---

[121] Ibidem, p. 582.
[122] Ibidem, p. 593.
[123] SCHROETER, John R.; AZZAM, Azzeddine M.; AIKEN, J. David. Anti-Corporate Farming Laws and Industry Structure: The Case of Cattle Feeding. *American Journal of Agricultural Economics*, 88, nº 4, p. 1000-1014, 2006. Disponível em < http://www.jstor.org/stable/4123542>. Acesso em 20.08.2016.

define diversas responsabilidades e limitações às atuações de frigoríficos, e legislações estaduais que tratam da exigência de transparência nos mercados, com obrigatoriedade de publicação de preços praticados e quantidades de produtos agropecuários adquiridos[124].

Segundo os relatórios do USDA (United States Department of Agriculture), a maioria das transações sobre produtos agrícolas são compradas e adquiridas em mercados *spot*, com compra e entrega imediata, embora o uso de contratos na agricultura cresça constantemente. Analisando esses dados, MacDonald e Korb apontam que em 1969 apenas 11% do valor correspondente à produção agrícola correspondia a formas contratuais de governança da produção, em 2005, esse percentual atingiu 41%. O autor defende que o uso de contratos na agricultura está diretamente relacionado à eficácia dos mercados em atribuir riscos e incentivos de produzir produtos específicos no tempo desejado pelo mercado. Cita, nesse sentido, que mudanças institucionais estão diretamente relacionadas ao uso de contratos, apontando como exemplo que o uso dos contratos na produção de tabaco e amendoim cresceu vertiginosamente após o término das Leis que estabeleciam quotas de produção. Por outro lado, alega que os compromissos contratuais de produção de gado reduziram drasticamente após os órgãos regulatórios estabelecerem medidas de transparência para os frigoríficos, tais como a obrigatoriedade de apresentação de relatórios de preço, reduzindo as assimetrias de mercado[125].

A partir da experiência norte-americana, o autor distingue duas modalidades de contratos nos mercados agrícolas. De um lado, os contratos de mercado (*marketing contracts*) que correspondem aos compromissos de qualidade, quantidade e preço de entrega dos pro-

---

[124] FAUSTI, Scott W.; DIERSEN, Matthew A.. The Voluntary Reporting System's Ability to Provide Price Transparency in the Cash Market for Dressed Steers: Evidence from South Dakota. *Journal of Agricultural and Resource Economics*, 29, nº 3, p. 553-566, 2004. Disponível em <http://www.jstor.org/stable/40987249>. Acesso em 20.08.2016.
[125] MacDonald, James; Korb, Penni. Agricultural Contracting Update, EIB-35. *Economic Research Service*/USDA, 2005. Disponível em <http://www.ers.usda.gov/media/210639/eib35_1_.pdf>. Acesso em 20.08.2016.

dutos, sem a adoção de formas de integração das atividades. De outro lado, os contratos de produção (*production contracts*), em que a propriedade sobre a produção agrícola já é compartilhada entre as partes (havendo, por conseguinte, um compromisso de entrega da colheita) e por meio do qual as partes estabelecem os serviços que o produtor deve fornecer, a maneira com que o produtor será remunerado e as responsabilidades dos contratantes no provisionamento de insumos de produção[126]. Os contratos de produção correspondem, na experiência americana, aos contratos agroindustriais de integração vertical, sendo certo que, salvo formas híbridas de contratos mistos, os contratos de mercados seriam classificados sob os termos da *civil law* como simples contratos de escambo, como é o caso dos contratos de fornecimento ou de compra e venda.

Com relação aos contratos de integração, o exemplo das produções avícolas parece ser o mais representativo. MACDONALD destaca que, nos Estados Unidos, quase todos os produtores de frangos atuam sob contratos de integração com as empresas de proteína animal, recebendo dessas os animais, a comida, o transporte, os serviços veterinários e as orientações técnicas para a condução de sua produção. Os fazendeiros, de outra parte, contribuem com o capital, especialmente imobilizado em máquinas, instalações e benfeitorias, e com o trabalho necessário para a atividade em troca do resultado obtido com o ganho de peso dos frangos, a preço de mercado[127].

Segundo o autor, a maior parte dos estabelecimentos agrários desses produtores de frango é pequena e tem produção focada na produção de frango, de modo que os ganhos obtidos com os contratos de integração são essenciais à renda familiar dos produtores. Esses produtores fazem relevantes investimentos de longo prazo na cons-

---

[126] MACDONALD, James; KORB, Penni. Agricultural Contracting Update, EIB-35. *Economic Research Service*/USDA, 2005. Disponível em <http://www.ers.usda.gov/media/210639/eib35_1_.pdf>. Acesso em 20.08.2016.

[127] MACDONALD, James M. Technology, Organization, and Financial Performance in U.S. Broiler Production, by, USDA. *Economic Research Service*, june 2014. Disponível em <http://www.ers.usda.gov/amber-waves/2014-august/financial-risks-and-incomes-in--contract-broiler-production.aspx#.V72ufpgrKCg>. Acesso em 20.08.2016.

trução de granjas, muitas vezes com financiamento bancário. Não obstante a perenidade de seus investimentos e a situação de fato de relações de longo prazo entre produtores e integradores, os vínculos contratuais entre as partes, segundo o autor, correspondem a prazos limitados, correspondentes ao ciclo agrobiológico de engorda dos rebanhos[128].

No mercado americano, a remuneração dos produtores de frango raramente é determinada por um valor determinado pelo peso dos animais abatidos. Segundo MacDonald, o pagamento aos produtores é feito pelo método de torneio, vinculado a índices relativos de performance entre diferentes produtores de um mesmo sistema de integração e que entregam a sua produção no mesmo período, considerando os custos dispendidos pelos diferentes produtores para implementar a sua criação, com estabelecimento de bonificações ou penalidades em função da economia dos custos em relação a uma média de produtores, considerando não apenas as despesas com a alimentação e cuidados veterinários, mas também de mortalidade, conversão alimentar, etc. Conforme destaca o autor, esse tipo de contratação é concebida para premiar produções de baixo custo, mas o seu sucesso, por outro lado, decorre dos esforços dos produtores em manter equipamentos adequados de alimentação e dessedentação aos animais, bem como garantir boas práticas correspondentes ao bem-estar animal, essenciais para atingir índices satisfatórios de sucesso. As indústrias, por outro lado, assumem integralmente os riscos de mercado, especialmente os relativos aos custos de insumos, extremamente relevantes para a produção de proteína animal. O sistema de torneio também mitiga os riscos dos produtores quanto a desastres. Com efeito, quando fatores como epidemias ou alterações de clima impactam todos os produtores de uma região ou sistema de integração, seus índices relativos de performance não são afetados[129].

---

[128] MacDonald, James M. Technology, Organization, and Financial Performance in U.S. Broiler Production, by, USDA. *Economic Research Service*, june 2014. Disponível em <http://www.ers.usda.gov/amber-waves/2014-august/financial-risks-and-incomes-in--contract-broiler-production.aspx#.V72ufpgrKCg>. Acesso em 20.08.2016.
[129] Idem.

2.3. Os contratos agroindustriais no Brasil e a Lei nº 13.288/2016

Também no Brasil os contratos agroindustriais são cada vez mais celebrados, especialmente nas cadeias de produção de frangos, suínos, frutas, hortaliças, florestas plantadas, dentre outros mercados em que há intensivo emprego de biotecnologia, valor comercial agregado ou necessidade de certificação, entre outras necessidades que justificam a integração vertical entre as atividades de produtores, processadores e comerciantes de produtos agrícolas, pecuários e florestal.

Atento a essa realidade e, mais que isso, aos diversos conflitos que vêm emergindo nas cadeias de produção integradas, o legislador brasileiro fez promulgar, em 16 de maio de 2016, a Lei nº 13.288/2016, que dispõe sobre os contratos de integração e estabelece obrigações e responsabilidades nas relações contratuais entre produtores integrados e integradores.

Essa Lei foi resultado da aprovação do Projeto de Lei do Senado nº 330/2011, inicialmente apresentado pela Senadora Ana Amélia (PP-RS), na forma do substitutivo de plenário de autoria do Deputado Valdir Colatto (PMDB-SC). O referido projeto foi aprovado em regime de urgência constitucional[130], pelo que ficou bastante limitada a sua discussão pelas comunidades jurídica e agrária interessadas, tendo passado ao largo de trabalhos jurídicos de maior repercussão.

A Lei aprovada seguiu o texto do Senado, que não se ateve à denominação jurídica dos contratos agrários agroindustriais, denominando-os simplesmente como "contratos de integração". Essa impre-

---

[130] O Regime de urgência é estabelecido no Art. 213 do Regimento Interno da Câmara dos Deputados, e permite a dispensa de exigências, interstícios ou formalidades regimentais, para que determinada proposição seja de logo considerada, até sua decisão final. Aprovado o requerimento de urgência, a matéria entra em discussão na sessão imediata, ocupando o primeiro lugar na Ordem do Dia, possibilitando a deliberação diretamente em plenário. No caso do Projeto de Lei nº 6.459, o regime de urgência foi aprovado em 22 de março de 2016, por meio de requerimento de autoria do Deputado Celso Maldaner (PMDB-SC) e possibilitou a tramitação simplificada da proposição, sem a realização dos debates no âmbito das Comissões de Desenvolvimento Econômico, Indústria e Comércio (CDEIC); Agricultura, Pecuária, Abastecimento e Desenvolvimento Rural (CAPDR) e Constituição e Justiça e de Cidadania (CCJC), aos quais deveria ser submetido.

cisão, vale dizer, tem causado certa dúvida quanto à aplicação da Lei; as relações de integração apenas são conhecidas como tais em mercados específicos, como os de frangos e suínos. Nos demais mercados de matérias-primas agroindustriais, por outro lado, ainda que haja, do ponto de vista econômico e jurídico, integração vertical, os agentes econômicos não se consideram como produtores integrados, seja em função de sua aumentada capacidade, seja em função de sua menor vulnerabilidade econômica.

Não resta dúvida, entretanto, que as disposições desses contratos são aplicáveis a quaisquer sistemas de integração de atividades agrissilvipastoris. Nesse sentido, a Lei é expressa em definir os contratos de integração, aqui denominados contratos agrários agroindustriais de integração, como sendo os contratos firmados entre o produtor integrado e o integrador e estabelecem as respectivas atribuições no processo produtivo, os compromissos financeiros e os deveres sociais, sanitários e ambientais de cada uma das partes, alocando os custos e os riscos de todo processo produtivo da atividade integrada a que se destinam, a ser expressamente delineada como finalidade do contrato, podendo englobar qualquer uma das atividades agrossilvipastoris – atividades de agricultura, pecuária, silvicultura, aquicultura, pesca ou extrativismo vegetal (Art. 2º).

O conceito de integração concebido pela Lei está absolutamente vinculado à compreensão de Sistema Agroindustrial (SAG), em que o produtor não apenas estabelece uma relação de mercância com suas contrapartes, com finalidade de disposição dos seus produtos no mercado, mas também se insere em uma rede de relações que envolvem não apenas obrigações econômicas, mas igualmente compromissos financeiros, sociais e institucionais vinculados à produção agropecuária, ao processamento dos produtos e à sua destinação aos mercados consumidores, por meio dos canais de distribuição e comercialização ou por meio da venda direta ou por cooperativa.

O produtor integrado ou simplesmente "integrado" é conceituado pela Lei não apenas pela atividade que exerce, mas especialmente pela relação que estabelece no âmbito do SAG. Trata-se da pessoa física ou jurídica que, individualmente ou de forma associativa, com ou sem a cooperação laboral de empregados, vincula-se ao integrador por meio de contrato de integração vertical, recebendo bens ou serviços para a produção e para o fornecimento de matéria-prima, bens intermediários ou bens de consumo final.

Nos termos da Lei, o contrato de integração é, portanto, aquele pelo qual integrado e integrador transacionam bens, insumos e serviços em troca de matéria-prima, bens intermediários ou bens de consumo final, utilizados no processo industrial ou comercial. Por meio desses contratos, estabelecem-se relações de integração vertical, possibilitando às partes planejar e realizar a produção e a industrialização ou comercialização de matéria-prima, bens intermediários ou bens de consumo final, em sistema de mútua colaboração e dependência.

Embora seja um sistema que, do ponto de vista econômico, pudesse se adaptar a diversos setores, o objetivo da Lei se limita aos bens que são fruto das atividades agrossilvipastoris, ou seja, das atividades de agricultura, pecuária, silvicultura, aquicultura, pesca ou extrativismo vegetal, que são exatamente as atividades agrárias, ou melhor, relacionadas ao ciclo agrobiológico, o que evidencia a agrariedade desses contratos e a identificação destes como contratos agrários agroindustriais.

De fato, os contratos de integração vertical regulamentados pela Lei nº 13.288/2016 são efetivamente os contratos agroindustriais concebidos pela doutrina agrarista, ainda que possam ser utilizados também por sistemas de produção integrados meramente comerciais, especialmente aqueles conduzidos por *trading companies* e sociedades cooperativas, conforme expressamente previsto pelo §1º do Art. 2º da Lei.

Capítulo 3
Teoria Geral dos Contratos Atípicos e sua Aplicação aos Contratos Agroindustriais

3.1. A fonte do regulamento contratual como elemento para a definição da atipicidade contratual

Conforme ensina Bobbio, a tipicidade jurídica é o resultado de uma atividade de poder, conforme a vontade e a necessidade da sociedade, vocalizada na forma prescrita legitimamente pelo ordenamento jurídico para a criação do direito[131]. A tipicidade é, portanto, uma consequência histórica.

Nesse sentido, Roppo menciona que a tipicidade é estabelecida na medida em que haja o reconhecimento pelo legislador das operações cuja tutela jurídica específica se demonstre necessária e útil[132]. Assim, as relações econômicas mais importantes e mais difundidas – típicas – são tomadas pela lei para que se possa atribuir a cada uma delas um complexo de regras particulares. Os contratos adquirem tipicidade conforme se tornam uma normalidade social[133].

É natural, por outro lado, que novos interesses econômicos surjam e que os indivíduos busquem estabelecer contratos para regular situações não previstas pelo legislador. Para isso, são celebrados contratos atípicos, que criam novos regulamentos para essas situações

---

[131] BOBBIO, Norberto. *Teoria Geral da Política:* a filosofia política e a lição dos clássicos. Rio de Janeiro: Campus, 2000, p. 238.
[132] ROPPO, Enzo. O *Contrato*. Coimbra: Almedina, 2009, p. 134.
[133] Ibidem, p. 133.

econômico-sociais, antes mesmo da percepção da relação econômica pelo legislador[134].

A atipicidade jurídica, no entanto, nem sempre importa em novidade. Dentre os contratos não regulamentados – atípicos – a prática reiterada permite a verificação de tipos sociais. Trata-se de contratos que merecem distinção porque são corriqueiros e, por isso, reconhecidos da doutrina e da jurisprudência, que lhe delineiam traços gerais de orientação, sem, no entanto, estabelecer uma regulamentação específica[135]. Os contratos atípicos podem ser reconhecidos pela legislação e até nominados (p. ex. legislação tributária – vide os contratos de consórcio, de faturização, dentre outros). A atipicidade, por conseguinte, não decorre da falta de nome, o que afasta a correção da classificação entre contratos nominados e inominados, mas do regulamento jurídico específico para as partes, ainda que haja consequências jurídicas previstas em lei para o contrato[136].

O fenômeno dos contratos atípicos não se liga à anormalidade ou a ilegalidade, mas à atividade econômica organizada. A empresa não pode aguardar que o legislador introduza novos tipos contratuais para seguir com a inovação das suas atividades, posto que seu tempo é diferente do tempo de legislador[137], sendo fundamental o desenvolvimento de novas figuras contratuais a cada necessidade de mercado. Na medida em que se estabeleçam os novos mercados e que estes passam a se organizar e se formalizar, a *práxis* adquire reconhecimento social, possibilitando a indicação dos contratos socialmente típicos, estabelecidos à margem do regulamento contratual, para normatização de um interesse não previsto pelo legislador[138].

---

[134] MESSINEO, Francesco. *Il Contratto in Genere*. Milano: Giuffrè, 1973, p. 693, tomo primo.
[135] ROPPO, Enzo. Op. cit., p. 134.
[136] BARCELLOS, Rodrigo. *O contrato de shopping center e os contratos atípicos interempresariais*. São Paulo: Atlas, 2009, p. 14.
[137] ROPPO, Vicenzo. *Diritto Privato*. 4ª ed. Torino: G. Giappichelli, 2014, p. 425.
[138] Ibidem, p. 422.

Os contratos atípicos definem-se, portanto, por serem aqueles para os quais, por exclusão ou novidade, o ordenamento não prescreve um regulamento específico. Diferenciam-se dos contratos juridicamente tipificados, que são aqueles para os quais há, na Lei, a prescrição de um regulamento específico, tomando em conta aquilo que já está quase totalmente regulado pelos usos e costumes e reconhecido pela jurisprudência[139].

Esse parece ser exatamente o caso dos contratos agroindustriais. Mesmo com a sua previsão e delineamento na doutrina agrarista, na jurisprudência e, agora, na Lei nº 13.288/2016, esses contratos não possuem um regulamento fixado *ex lege*. As obrigações das partes nos contratos agroindustriais são fixadas livremente em função da operação econômica e agrária subjacente, no exercício da autonomia privada. Como ocorre em todas as situações de contratos atípicos, na celebração dos contratos agroindustriais de integração, cabe às partes, não à Lei, estabelecer o conjunto de regras jurídicas que disciplinarão a sua ação em prol do resultado social e econômico que justifica a realização do contrato[140].

Para corretamente compreender os efeitos da atipicidade dos contratos agroindustriais é, contudo, fundamental distinguir o que seja a vontade como fonte do contrato, ou seja, a vontade manifestada pelas partes para a formação do vínculo contratual, do que é o regulamento contratual propriamente dito, que vai além da vontade manifestada, abrangendo o conjunto de direitos e obrigações que regulam a relação entre as partes.

Nesse sentido, é de se reconhecer que, ainda que o vínculo contratual se forme a partir da vontade manifestada pelas partes, e só em função da vontade efetivamente manifestada pelas partes, o regulamento contratual não depende necessariamente dessa vontade. Esse é o caso dos contratos típicos que, por serem legalmente regulamentados, têm regulamento contratual de fonte heterônima, que se ope-

---

[139] AZEVEDO, Álvaro Villaça de. *Teoria Geral dos Contratos Típicos e Atípicos.* 3ª ed. São Paulo: Atlas, 2009, p. 133.
[140] ROPPO, Vicenzo. *Diritto Privato.* 4ª ed. Torino: G. Giappichelli, 2014, p. 422.

ram sem a vontade das partes, em decorrência do legalmente estabelecido no tipo contratual[141].

Os contratos atípicos são, por outro lado, aqueles contratos em que o regulamento contratual é estabelecido de forma preponderantemente autônoma, devendo corresponder não aos padrões estabelecidos, mas à manifestação de vontade e aos interesses das partes naquela situação jurídica específica, que as partes decidiram regular de modo diferente das estruturas jurídicas previamente estabelecidas pelo legislador.

Embora estabeleça as diretrizes gerais dos contratos de integração vertical, a Lei nº 13.288/2016 não tornou os contratos agroindustriais contratos típicos. Com efeito, em seus dispositivos normativos, a Lei não estabeleceu um regulamento contratual para reger a relação jurídica das Partes. Pelo contrário, manteve ampla a perspectiva da autonomia privada que contratantes definissem livremente o melhor regulamento contratual para cada sistema agroindustrial, adequando o sistema de integração aos interesses das empresas integradas e ao mercado em que essas atuam. A Lei deixou livre para que as partes adaptem, caso a caso, o regulamento contratual às diversas cadeias produtivas existentes no *agribusiness*. Assim, a atuação normativa se limitou a estabelecer as diretrizes fundamentais para a preservação da função econômico-social dos contratos de integração e obrigações específicas a serem atendidas pelos contratantes para que essa função se exerça de modo pleno, sem abuso das assimetrias de parte a parte.

Dentre os princípios que a Lei estabeleceu para a regência dos contratos de integração, destaca-se o princípio associativo, expressamente previsto no Art. 3º, ao estabelecer que a relação de integração deve se caracterizar pela conjugação de recursos e esforços e pela distribuição justa dos resultados. O que se evidencia nesse particular é que os contratos de integração não devem pautar-se meramente como um contrato de escambo, de insumos, serviços e preço em troca de produtos e matéria-prima, mas de fato pressupõem uma interação das partes que seja além das interações comerciais.

---

[141] Ibidem, p. 423.

O vínculo associativo do contrato, evidenciado no Art. 3º da Lei, reside no objetivo comum de cooperação, de integração das atividades empresariais de cada uma das partes para atingir um mercado qualificado que é de interesse comum das partes. Dessa forma, é normal e justo que o produtor, de um lado, se aproprie de parte dos ganhos marginais do processador em atender esses mercados, em contrapartida ao fornecimento de uma matéria-prima qualificada e certa e, por outro lado, se submeta aos riscos desse mercado que, num sistema de produção que não fosse integrado, seria somente suportado pelo próprio processador.

Esse objetivo cooperativo deve ser sempre preservado e orientar a criação e a interpretação das cláusulas contratuais, como modo de preservação da finalidade típica desses contratos ou, na forma do Art. 421 do Código Civil, da sua função social. Essa função diferenciada, qualificada ainda pela agrariedade, também deve distinguir os contratos de integração dos contratos típicos cujas prestações são emprestadas ao seu regulamento contratual.

A Lei definiu um princípio orientador de conjugação de esforços e distribuição justa de resultados. Segundo esse preceito, os contratos de integração devem estabelecer relações de mútua cooperação econômica entre empresas agrárias e industriais para uma finalidade comum, que é o mercado a ser atingido pela união dos esforços das partes. A Lei, no entanto, não estabelece como se dará essa cooperação, cabendo às partes estabelecer como será mais adequado e eficiente, no seu SAG individualmente considerado, a melhor forma de integração.

3.2. A unicidade de causa como elemento aglutinador dos contratos atípicos

Não obstante os contratos atípicos se caracterizem pelo regulamento autônomo, estabelecido pelas partes, não pela lei, nem sempre as partes conseguem se deslocar totalmente dos modelos legalmente estabelecidos. Não raro, os contratos atípicos se apresentam como contratos mistos ou complexos que, embora visem regular interesses não tipificados, fazem-no por meio da combinação de elementos típicos e atípicos, podendo combinar, num único contrato, mais de um elemento típico, elementos típicos e atípicos ou diversos elementos atípicos[142].

Esses são os contratos que AZEVEDO chama de contratos atípicos impuros, em diferenciação aos contratos atípicos puros[143], ou exclusivamente atípicos, que são aqueles que não possuem elementos típicos quaisquer, podendo ser também chamados como contratos atípicos propriamente ditos[144] ou contratos atípicos em sentido estrito ou singulares[145]. São aqueles contratos que possuem total originalidade, que visam regular interesses jurídicos diferentes daqueles tipificados e que se formam com conteúdo completamente estranho aos tipos legais, seja pela originalidade, seja pela total modificação dos elementos característicos de um contrato típico[146].

Diferentemente, os contratos mistos ou atípicos impuros são resultantes da combinação de elementos de diferentes contratos, formando uma nova espécie contratual não disciplinada em lei, que se caracteriza pela unicidade da causa contratual[147], ou seja, por vislumbrar uma função econômica e social distinta daquela própria dos contratos típicos.

Na maior parte das vezes, esse é o caso dos contratos agroindustriais. Esses contratos são celebrados para o suprimento de matéria-prima para as agroindústrias, integrando, de acordo com cada caso e com as especificidades de cada setor ou empresa envolvida, diversos interesses em jogo. Dessa forma, não raro esses contratos se estabelecem conjugando elementos típicos de contratos agrários de arrendamento e de parceria rural; de fornecimento e de compra e venda; de prestação de serviços; de cessão de direitos de propriedade intelectual, especialmente biotecnologia, dentre outras prestações típicas

---

[142] AZEVEDO, Álvaro Villaça de. *Teoria Geral dos Contratos Típicos e Atípicos*. 3ª ed. São Paulo: Atlas, 2009, p. 128.
[143] Francesco Messineo, seguindo o agrupamento de ENNECCERUS, Cf. AZEVEDO, Álvaro Villaça de. Op. cit., p. 124.
[144] GOMES, Orlando. *Contratos*. Rio de Janeiro: Forense, 2009, p. 120.
[145] AZEVEDO, Álvaro Villaça de. Op. cit., p. 128.
[146] GOMES, Orlando Gomes. Op. cit., p. 120.
[147] GOMES, Orlando. *Contratos*. Rio de Janeiro: Forense, 2009, Ibidem, p. 121.

que poderão estar integradas ao regulamento de uma relação jurídica de contrato agroindustrial individualmente considerada.

Os contratos mistos diferenciam-se dos grupos de contratos. Por serem contratos únicos com prestações de diferentes contratos, muitas vezes os contratos mistos são confundidos ou sobrepõem-se à figura dos contratos coligados, ou dos grupos de contratos, correspondentes a diversos contratos autônomos relacionados entre si por um vínculo de interdependência.

Clóvis de Couto e Silva, por exemplo, ao discorrer sobre o contrato atípico de *engeneering*, afirma que esse tipo social de contratos pode abrigar diversos outros contratos, a saber: de empreitada, de planejamento da obra, de realização de certas partes ou equipamentos; contratos de serviços, contratos de transporte, contratos de supervisão, etc. O contrato atípico seria, a seu ver, a totalidade dessa pluralidade de contratos[148], ou seja, um grupo de contratos por definição.

A pluralidade das prestações que envolvem um contrato atípico misto, entretanto, não importa necessariamente em uma pluralidade de contratos. Sendo assim, não obstante a dificuldade, a doutrina estabelece diversos critérios para diferenciar o contrato singular do grupo de contratos, independentes, mas coligados. Dentre esses critérios, destacam-se o da unidade da manifestação de vontade, o da unidade da causa e o da unidade da contraprestação.

Pelo critério da unidade da manifestação de vontade, o contrato seria único, misto, se as diferentes prestações constarem do mesmo instrumento contratual e tiverem sido estabelecidas no mesmo momento, sem qualquer distinção ou separação pelas partes, no ato da contratação. A unidade do instrumento, com efeito, levaria a uma necessária interdependência das prestações, a formar um contrato único, o que não aconteceria na hipótese em que as prestações estivessem estabelecidas em diferentes atos autônomos, que ensejaria não um, mas tantos contratos quantas fossem as manifestações de

---

[148] COUTO E SILVA, Clóvis de. Contrato de Engeneering. *Revista dos Tribunais*, São Paulo: Ed. Revista dos Tribunais, ano 81, v. 685, p. 33, nov. 1992.

vontade, ainda que estivessem as prestações interligadas entre si, com possibilidade de formar um grupo de contratos.

O critério da unidade de causa, por sua vez, coloca na causa, ou melhor, na função econômico-social do contrato, a identidade contratual. Dessa forma, ainda que estivessem estabelecidos em instrumentos separados, contratos que estivessem conectados entre si para uma mesma operação econômica deveriam ser considerados como um todo único, independentemente da pluralidade de prestações, como é próprio dos contratos mistos.

Por último, o critério da unidade da contraprestação estabelece a unidade contratual não pelo instrumento, nem pela causa ou função econômica do contrato, mas pelo vínculo objetivo em que diferentes prestações de uma parte tenham com uma contraprestação única e pré-estabelecida para a outra. A correspondência com uma única contraprestação seria justificativa suficiente para a unidade de um contrato misto composto de diversas prestações à contraparte, não se admitindo desmembrar cada prestação em um contrato autônomo se a contraprestação for a mesma.

Ascarelli é incisivo ao afastar a unidade de manifestação de vontade como critério adequado para identificar a unidade contratual. Para o autor, não se pode excluir que as partes possam ter querido celebrar mais de um negócio no mesmo ato. Segundo o professor italiano, o elemento decisivo é o da coligação, na vontade das partes, dos vários fins que elas querem atingir. Quando os diversos fins econômicos estiverem ligados entre si, pode-se falar em contrato único[149].

Esse critério da unidade da finalidade econômica não é diferente daquele apresentado por Messineo, da unidade da causa[150]. Com efeito, causa, função e finalidade do negócio são sinônimos na dogmática contratual e dizem respeito, segundo Betti, ao interesse

---

[149] Ascarelli, Tullio. Contrato misto, negócio indireto, "negotium mixtum cum donatione". *Revista dos Tribunais*, São Paulo: Revista dos Tribunais, vol. 952, p. 27, nov./2012.

[150] Messineo, Francesco. *Il Contratto in Genere*. Milano: Giuffrè, 1973, p. 705, tomo primo.

social objetivo e socialmente verificável a que o negócio jurídico deve corresponder[151].

Diferentemente dos professores italianos, atento aos novos tipos contratuais, MARINO prefere a causa apenas para diferenciar os contratos atípicos daqueles regulamentados por lei. Assim, a discrepância entre contratos mistos e contratos coligados, conforme o professor brasileiro, deve ser analisada à luz da unidade das prestações e contraprestações. Apresenta, assim, a necessidade de se verificarem diversos critérios complementares entre si: i) os limites dos tipos contratuais de referência, sejam eles legislativos, sejam sociojurisprudenciais; (ii) a participação de diversos centros de interesse na relação jurídica ou nas relações jurídicas envolvidas; (iii) a unidade ou a diversidade instrumental, temporal e de contraprestação[152].

Ainda que seja útil a melhor sistematização desses critérios, verificamos, na prática, que continua válida a ressalva de ASCARELLI[153], de que não é possível formular critérios decisivos para identificar o fenômeno da coligação contratual. De fato, são as características do caso concreto que permitirão estabelecer a vinculação necessária ou não das relações jurídicas estabelecidas pelas partes em conjunto.

A questão relevante, tanto no caso dos contratos mistos como no dos contratos coligados, está em perceber não apenas o vínculo ou a independência de determinados contratos ou prestações, mas especialmente a pluralidade, que deve ser compreendida em sua unidade, de causa ou de operação econômica. Certamente, tanto em relação aos contratos mistos, como em relação aos contratos coligados, é possível verificar um vínculo funcional entre as prestações. No caso dos contratos coligados, trata-se de uma ligação funcional entre contra-

---

[151] BETTI, Emilio. *Teoria Geral do Negócio Jurídico*. Tradução de Fernando de Miranda. Coimbra: Coimbra Editora, 1969, p. 334.

[152] MARINO, Francisco Paulo de Crescenzo. *Contratos Coligados no Direito Brasileiro*. São Paulo: Saraiva, 2009, p. 118.

[153] ASCARELLI, Tullio. Contrato misto, negócio indireto, "negotium mixtum cum donatione". *Revista dos Tribunais*, São Paulo: Revista dos Tribunais, vol. 952, p. 27, nov./2012. Nesse sentido, o autor cita também Cesare Vivante, *Assicurazioni*, I, nº 26.

tos estruturalmente autônomos[154]. No caso dos contratos mistos, também há a coexistência de prestações típicas e atípicas distintas vinculadas a uma única causa[155] que, por sua peculiaridade, importam no reconhecimento de uma unicidade contratual. E será justamente essa unicidade o elemento fundamental para tornar o significado desses contratos concreto.

Os contratos atípicos também se distanciam dos negócios indiretos. Nos negócios indiretos, a causa é sempre a mesma do negócio direto (concorrência de objetivos). Nos contratos mistos ou atípicos, de forma diversa, existe uma verdadeira concorrência de diversos fins típicos ou atípicos em um único contrato (diversidade de causas)[156], sendo que as partes não desejam submeterem-se a nenhuma das disciplinas típicas dos contratos cujos elementos elas utilizam.

A função ou a causa típica será, por conseguinte, utilizada pelo intérprete tanto para distinguir os contratos típicos como também para determinar o seu regime jurídico aplicável, especialmente identificando quando será o caso de se afastar o regulamento legalmente previsto, por se tratar seja de contrato típico, seja de pluralidade de contratos típicos, seja até de negócio indireto.

Os contratos agroindustriais de integração vertical, de fato, são contratos mistos que incorporam prestações dos contratos de compra e venda, de fornecimento e de prestação de serviços. Distinguem-se desses contratos, entretanto, porque possuem uma causa colaborativa que se evidencia além da mera circulação econômica, com vistas a organizar a produção integrada de diferentes empresas agrárias, comerciais e industriais, e atingir da melhor maneira possível o consumidor dos produtos finais. É natural, nesses contratos, que haja uma pluralidade de prestações e obrigações que extrapolam a contraprestação objetiva decorrente da circulação de mercadorias. Com efeito, a integração se dá não apenas com o pagamento do preço dos produtos agropecuários fornecidos e que são processados como

---

[154] MARINO, Francisco Paulo de Crescenzo. Op. cit., p. 127.
[155] MARQUES, Maria Beatriz Loureiro de Andrade. *Novas Figuras Contratuais*. Tese de Doutorado. Faculdade de Direito da USP, São Paulo, 2005, p. 70.
[156] ASCARELLI, Tullio. Op. cit.

matéria-prima industrial, mas também pela vinculação qualificada pela participação da indústria processadora na atividade do produtor mediante o fornecimento de insumos, serviços e assistência técnica, o que consubstancia a relação de integração. O contrato de integração não corresponde apenas a uma relação comercial, mas a uma relação organizacional entre a atividade agrária, de uma parte, com a atividade industrial ou comercial da sua contraparte.

Nesses contratos, portanto, é intrínseco o objetivo de integração de atividades. As partes se inserem em um sistema integrado de produção visando a uma cooperação recíproca das suas atividades de forma a garantir o planejamento da produção, a garantia do fornecimento de matéria-prima adequada e a destinação econômica dos produtos, devendo os mencionados contratos serem interpretados de forma a garantir que a integração gere benefícios a ambas as partes.

É natural, por conseguinte, que esses contratos se façam por múltiplos instrumentos, já que a relação de integração estabelecida pelos contratos agroindustriais pressupõe fornecimento de insumos, fornecimento de serviços, financiamento, cessão de tecnologia, etc ao produtor, e garantia de fornecimento de matéria-prima ao processador. A pluralidade de prestações típicas e a pluralidade de instrumentos contratuais não desnaturam, no entanto, a relação contratual de integração agroindustrial. A unicidade de causa, nesse caso, prevalece sobre a multiplicidade das formas, garantindo a verificação de um elemento contratual único a ser reconhecido pelo intérprete.

3.3. A importância da função social do contrato para determinar o regulamento contratual

Como ensina LETO, o distanciamento entre a função econômica do contrato atípico e a função econômico-social prevista no tipo regulamentado por Lei é o requisito fundamental para o reconhecimento da atipicidade contratual[157]. Essa diferença de causa justifica a qualifi-

---

[157] LETO, Angelo Piraino. *I Contratti atipici e innominati*. UTET: Torino, 1974, p. 68. No mesmo sentido, MESSINEO, Francesco. *Il Contratto in Genere*. Milano: Giuffrè, 1973, p. 689, tomo primo.

cação dos contratos em categorias distintas, sendo fundamental, para que se possa determinar o regime jurídico do contrato, definir quais princípios e prescrições normativas o regulam[158]. Sendo assim, cabe ao intérprete não apenas a determinação do significado das expressões utilizadas pelas partes, mas também buscar, por meio da qualificação do contrato, a hipótese normativa a que as partes desejaram sujeitar--se[159].

Na perseguição da finalidade do contrato, é preciso, em primeiro lugar, ter em mente que não é qualquer avença que se distancie dos esquemas contratuais estabelecidos por lei que poderá ter reconhecimento como contrato atípico. Como ensina Roppo, a liberdade de fazer contratos atípicos é subordinada a um limite: realizar um interesse legítimo de tutela, segundo o ordenamento jurídico. Assim, os contratos atípicos não podem ter causa ilícita nem objeto ilícito[160].

Conforme a lição de Betti, nos contratos atípicos, é essencial o papel do intérprete em sua tarefa de construir o significado das declarações e comportamentos das partes, para que se possa identificar o regulamento jurídico pretendido pelas partes, no âmbito de sua liberdade contratual[161]. Esta deve ser a primeira tarefa: extrair da vontade das partes o regulamento negocial, a iniciar por discernir-lhe a causa, distanciando ou aproximando esta das causas próprias dos contratos regulamentados por lei. Nesse contexto, é de se chamar a atenção quanto à distinção entre causa – escopo sociológico considerado em sentido técnico jurídico – e motivo – justificativa objetiva de ordem prática para a contratação – vinculada aos interesses individuais das partes.

O motivo nem sempre tem consequências juridicamente relevantes. A causa, ao contrário, será fundamental para a qualificação do contrato e, portanto, a identificação da hipótese normativa específica

---

[158] Azevedo, Álvaro Villaça de. *Teoria Geral dos Contratos Típicos e Atípicos*. 3ª ed. São Paulo: Atlas, 2009, p. 138.
[159] Leto, Angelo Piraino. Op. cit., p. 5.
[160] Roppo, Vicenzo. *Diritto Privato*. 4ª ed. Torino: G. Giappichelli, 2014, p. 425.
[161] Betti, Emilio. *Interpretacion de La ley y de lós actos jurídicos*. Tradução José Luiz de los Mozos. Madrid: Ed. Revista de Derecho Privado, 1971, p. 357.

a que as partes desejaram sujeitar-se[162], com definição do regime jurídico do contrato[163].

Betti define a causa contratual como sendo equivalente à função social do contrato, ou seja, é a justificação, aceita e aprovada pela consciência social que justifica o reconhecimento jurídico da autonomia privada, permitindo que o negócio jurídico produza seus efeitos no atual estado de fato das coisas[164]. Nesse caso, o contrato não teria uma função social em si, mas tantos quantos fossem os interesses sociais objetivos e socialmente verificáveis desejados pelas partes, a que o negócio possa corresponder[165].

O autor estabelece que o direito não conceda a sua sanção ao mero arbítrio, ao capricho individual, ao motivo transitório, mas apenas tutela funções que considera úteis para a comunidade que disciplina e em que se desenvolve[166]. Isso se justifica porque, ao celebrar negócio jurídico, o indivíduo não se limita a declarar que quer alguma coisa, mas declara, para os outros, o objeto do seu querer, esperando a correspondente tutela jurídica. A questão, portanto, não diz respeito ao caráter da vontade, mas à função da vontade, como um fato social, com efeitos externos ao indivíduo[167]. Assim, as partes somente poderão ter em vista um interesse prático que possa ser enquadrado em funções contratuais que são admitidas pela consciência social e consideradas merecedoras de tutela do direito[168]

---

[162] Leto, Angelo Piraino. *I Contratti atipici e innominati*. UTET: Torino, 1974, p. 5.
[163] Azevedo, Antônio Junqueira de. Parecer: Contrato atípico, complexo, com elementos de know-how, de gestão e de mandato com administração. Indenunciabilidade de contrato de duração determinada. Apuração de perdas e danos a partir da efetiva resilição, e não de anterior denúncia revogada por comportamento concludente do denunciante. In Azevedo, Antônio Junqueira de. *Novos ensaios e pareceres de Direito Privado*. São Paulo: Saraiva: 2009, p. 138.
[164] Betti, Emilio. *Teoria Geral do Negócio Jurídico*. Tradução de Fernando de Miranda. Coimbra: Coimbra Editora, 1969, p. 363, tomo I.
[165] Ibidem, p. 334.
[166] Ibidem, p. 111.
[167] Ibidem, p. 113.
[168] Ibidem, p. 204.

Essa visão é muito importante para bem compreender os contratos atípicos e as limitações a que devem submeter-se. Com efeito, se é verdade que os contratos típicos têm função previamente definida prelo legislador que, por conseguinte, reconhece a legitimidade de sua causa, os contratos atípicos sempre estarão submetidos a um juízo *ex post* de causa, não podendo ser reconhecida a legitimidade jurídica da liberdade de contratarem contratos que se estabeleçam para uma função injusta ou antissocial. A adequação entre os interesses das partes e as finalidades permitidas e reconhecidas como juridicamente possíveis pelo ordenamento é requisito essencial aos fatos que se deseja reconhecidos com a *fattispecie* dos contratos.

Apesar da visão clássica de que a função social dos contratos decorre da vontade dos contratantes, como manifestação plena do interesse das partes, especialmente em vista do disposto no Art. 421 do Código Civil, que coloca a função social como limite da liberdade de contratar, parte relevante da doutrina tem identificado a função social dos contratos com interesses de terceiros, ou mesmo interesses difusos, com cujas partes não necessariamente se preocuparam, seja para atender, seja para infringir, quando da celebração dos contratos. Nesse sentido, ANCONA LOPEZ defende que, em vista da prevalência do valor da socialidade, vivemos a primazia da teoria da confiança (subespécie da teoria da declaração), perdendo importância a teoria da vontade, como fonte da força vinculante dos contratos.

Para a autora, há uma despatrimonialização do direito civil, de forma a atribuir-lhe uma justificativa institucional, de suporte ao livre desenvolvimento da pessoa, não apenas no âmbito da circulação e da garantia da propriedade e do contrato, como anteriormente se verificava[169]. Esse entendimento constitui-se como base para a consagração da função social do contrato, sendo o princípio pelo qual o

---

[169] LOPEZ, Tereza Ancona. Princípios Contratuais. In FERNANDES, Wanderley (coord.). *Contratos empresariais:* Fundamentos e Princípios dos Contratos Empresariais. São Paulo: Saraiva, 2007.

contrato deixa de ter eficácia apenas com relação às partes, mas passa a interessar terceiros, a quem não pode nem prejudicar, nem beneficiar[170].

Em sentido semelhante é a lição de GODOY, para quem o negócio jurídico passa a sofrer importantes intervenções da lei, dos usos e da equidade, que influem e interferem no âmbito contratual tal qual a manifestação de vontade entre as partes[171]. Trata-se, segundo o autor, da adesão, no âmbito privado, do princípio solidarista da Constituição Federal de 1988 (Art. 170 da Constituição Federal[172])[173]. O autor aponta a função social como parte de um movimento de funcionalização dos direitos subjetivos, de modo a vinculá-los a certos objetivos "sociais", ou seja, que ultrapassam o interesse do titular do direito[174], o que faz sentido em um Estado voltado a programas solidaristas e de valorização da pessoa humana, moldando um direito social e despatrimonializado[175]. Para ter validade jurídica, o ato de autonomia privada que o contrato ainda consubstancia deve conter um objeto meritório, merecedor de tutela, o que ocorre na exata medida em

---

[170] Idem.
[171] GODOY, Claudio Luiz Bueno de. *Função social do contrato:* os novos princípios contratuais. São Paulo: Saraiva, 2004, p. 18.
[172] Constituição Federal. Art. 170. A ordem econômica, fundada na valorização do trabalho humano e na livre iniciativa, tem por fim assegurar a todos existência digna, conforme os ditames da justiça social, observados os seguintes princípios: I – soberania nacional; II – propriedade privada; III – função social da propriedade; IV – livre concorrência; V – defesa do consumidor; VI – defesa do meio ambiente, inclusive mediante tratamento diferenciado conforme o impacto ambiental dos produtos e serviços e de seus processos de elaboração e prestação; VII – redução das desigualdades regionais e sociais; VIII – busca do pleno emprego; IX – tratamento favorecido para as empresas de pequeno porte constituídas sob as leis brasileiras e que tenham sua sede e administração no País. Parágrafo único. É assegurado a todos o livre exercício de qualquer atividade econômica, independentemente de autorização de órgãos públicos, salvo nos casos previstos em lei.
[173] GODOY, Claudio Luiz Bueno de. *Função social do contrato:* os novos princípios contratuais. São Paulo: Saraiva, 2004, p. 99.
[174] Ibidem, p. 111.
[175] Ibidem, p. 115.

que ela atende a valores do ordenamento, em especial da Constituição[176].

Mesmo assim, para GODOY, a função social não é contrária à liberdade contratual, mas lhe integra o conteúdo, asseverando o papel de fomento das escolhas valorativas do sistema: a fonte normativa do contrato não está mais na força jurídica da vontade. O poder das partes de se autorregulamentar encontra sua proteção jurídica no reconhecimento de que aquele ato individual exprime um conteúdo valorativo consoante com as escolhas axiológicas do sistema[177]. Assim, o poder de autorregramento das partes convive com a exigência de que a vontade se manifeste de forma socialmente útil, em prestígio da igualdade dos indivíduos e, assim, de uma relação mais solidária entre eles[178]. A função social representa, segundo o autor, também uma maneira de interpretação: de controle do exercício da liberdade contratual – controle da juridicidade de cada contrato firmado em função da sua consonância com a utilidade social que deve ostentar[179].

De fato, o sistema jurídico pressupõe diversas formas de intervenção do Estado no regulamento obrigacional que as partes visam a estabelecer por meio do contrato. Com efeito, ao lado do conhecido fenômeno do dirigismo estatal em diversas áreas das relações privadas, especialmente no direito agrário, sabe-se que os outros princípios contratuais que se adicionaram à disciplina contratual (boa-fé objetiva e equilíbrio econômico) possibilitam uma ampliação dos poderes do juiz para interferir no regulamento contratual, seja para resguardar deveres adjetivos no âmbito da relação contratual, seja para intervir na economia contratual, alterando o equilíbrio das prestações estabelecidas pelas partes. A intervenção no regime contratual, entretanto, não se relaciona com a busca de uma função social do contrato.

---

[176] Ibidem, p. 117.
[177] Ibidem, p. 120.
[178] Ibidem, p. 125.
[179] Ibidem, p. 153.

O contrato, como instituto jurídico, tem uma dimensão social e deve interessar à sociedade para que esta reconheça seus efeitos vinculantes. Esse interesse social, identificado com uma causa razoável e justa para a obrigação contratual que justifique o efeito vinculante obrigatório do contrato é que corresponde à sua função social. De fato, embora a vontade seja determinante para a formação do contrato, a juridicidade da obrigação não depende apenas do consenso das partes, mas da valoração social de que a vontade estabeleça um vínculo socialmente relevante[180]. No sistema brasileiro, essa valoração está ancorada na Constituição Federal, que pressupõe a livre iniciativa na organização das atividades e das empresas, e o direito de propriedade, como forma de acumulação e circulação do patrimônio. As obrigações de direito privado devem atender a esses dois valores fundamentais.

O direito civil, como regulamento das instituições de direito privado, da organização das pessoas e de seu patrimônio, não pode se tornar elemento de política pública, voltado a interesses difusos. A liberdade das partes e garantia do interesse individual das partes são os valores que orientam os efeitos jurídicos do direito privado, não outros interesses respectivos a políticas públicas, cujos objetivos serão atingidos pela ação do Estado. O contrato continua sendo um instrumento dos cidadãos, para a realização da circulação da riqueza e, numa perspectiva moderna, permitem a criação de riqueza e definição de direitos de propriedade entre as partes, sem uma necessária intervenção do Estado. Como ensina VERÇOSA, a função do contrato deve, portanto, corresponder à sua prestabilidade própria – a Constituição, o regulamento ou a extinção de uma relação patrimonial[181].

REALE, por sua vez, estabelece que o valor social está diretamente relacionado com o papel da boa-fé na origem e execução dos negó-

---

[180] ALPA, Guido; BESSONE, Mário; ROPPO, Enzo. *Rischio Contrattuale e autonomia privata*. Napole: Jovene, 1982, p. 7.
[181] VERÇOSA, Haroldo Malheiros Duclerc. *Contratos Mercantis e a Teoria Geral dos Contratos – O Código Civil de 2002 e a Crise do Contrato*. São Paulo: Quartier Latin, 2010, p. 108.

cios jurídicos, mas a atribuição de função social ao contrato não vem impedir que as pessoas naturais ou jurídicas livremente o concluam, tendo em vista a realização dos mais diversos valores. O que se exige é apenas que o acordo de vontades não se verifique em detrimento da coletividade, mas represente um dos seus meios primordiais de afirmação e desenvolvimento, especialmente por meio da livre iniciativa[182].

De fato, como estabelece MONTEIRO et al, o princípio da função social dos contratos estabelece a possibilidade de ser vedado o contrato que não busca uma utilidade para a comunidade[183]. Isso não quer dizer, entretanto, que a função social do contrato implique igualdade da situação das partes ou possa servir como elemento de justiça contratual. Com efeito, não são só as coisas justas que têm função social.

O termo social indica algo relativo à sociedade[184]. Assim, todo direito é social, porque o estabelecimento de uma ordem jurídica baseada em normas e em contratos para a circulação autônoma da riqueza[185] serve especialmente a cumprir uma função social, de decidibilidade de conflitos[186]. A utilidade social dos contratos para a comunidade, portanto, não é valorativa, mas instrumental, de permitir a circulação da riqueza e, com isso, permitir a criação da riqueza, por meio do estabelecimento de relações jurídicas autônomas entre sujeitos de direito. O interesse da sociedade no contrato está exatamente em garantir essa fluidez econômica indispensável ao desenvol-

---

[182] REALE, Miguel. *Função Social do Contrato*. Disponível em <http://www.miguelreale.com.br/>. Acesso em 15.03.2016.

[183] MONTEIRO, Washington de Barros et. al. *Curso de Direito Civil, 5*: Direito das obrigações. 40ª ed. São Paulo: Saraiva, 2013, p. 25.

[184] BOBBIO, Norberto et. al. *Dicionário de Política*. Brasília: Editora da UnB, 2002, p. 1202, vol. II.

[185] VERÇOSA, Haroldo Malheiros Duclerc. *Contratos Mercantis e a Teoria Geral dos Contratos* – O Código Civil de 2002 e a Crise do Contrato. São Paulo: Quartier Latin, 2010, p. 108.

[186] FERRAZ JR, Tércio Sampaio. *Introdução ao Estudo do Direito*. 3ª ed. São Paulo: Atlas, 2001.

vimento econômico e social, não cabendo ao contrato tutelar outros interesses que o da avença entabulada pelas partes.

Nesse mesmo sentido, ALPA e ROPPO identificam que a fórmula da função econômica social não trata de operar na lógica de controle social da atividade privada, mas simplesmente dizer quais são as expectativas dos indivíduos contraentes na razão justificativa do negócio, como parte do sinalagma contratual[187]. A função social seria, portanto, interna à razão do contrato, não encontrando sua fonte em outro lugar senão na própria relação entre as partes. ROPPO ressalta que o direito deve preocupar-se com garantir a congruência entre os efeitos do contrato e a operação econômica perseguida pela autonomia privada, muito mais que assegurar a compatibilidade entre os efeitos do contrato e as exigências gerais do interesse público[188]. Segundo o italiano, o ordenamento não tutela a intrínseca justiça da troca contratual, mas só a correção formal das modalidades externas através das quais a troca é decidida e realizada. Certo grau de risco é indissociável de qualquer contrato[189].

Para SALOMÃO FILHO, entretanto, a *fattispecie* de aplicação do princípio da função social do contrato deve ser considerada caracterizada sempre que o contrato puder afetar de alguma forma interesses institucionais externos a ele. Nesse sentido, a aplicação do Art. 421 implicaria em reconhecer a ineficácia dos contratos que violam a função social, lesando interesses institucionais, tais como aqueles que pudessem implicar dano ao meio ambiente, afetar o interesse dos consumidores, afetar a livre-concorrência, concorrência, etc. Segundo o autor, a função social obriga a uma individualização de cada uma das obrigações do contrato e a verificação de sua compatibilidade com os interesses institucionais. Caso o contrato já tenha sido adimplido, haverá responsabilidade e dever de indenização em caso de lesão ao

---

[187] ALPA, Guido; BESSONE, Mário; ROPPO, Enzo. *Rischio Contrattuale e autonomia privata*. Napole: Jovene, 1982, p. 28.
[188] ROPPO, Enzo. *O Contrato*. Coimbra: Almedina, 2009, p. 223.
[189] Ibidem, p. 225.

interesse respectivo. Caso não tenha sido adimplido, o negócio será ineficaz, podendo ser declarada a obrigação inexigível[190].

Também THEODORO JÚNIOR defende que a função social corresponde à necessidade de limitar a autonomia contratual em face da exigência social de garantir o interesse geral e coletivo. Para esse autor, no Estado Social, a liberdade de contratar não pode contrastar com a utilidade social em temas como segurança, liberdade, dignidade da pessoa humana, devendo os interesses coletivos sobrepor-se à autonomia contratual[191]. Assim, identifica uma correlação entre função social do contrato e a função social da propriedade em virtude dos efeitos ou reflexos que também o contrato produz sobre terceiros. Entende, por isso: para que se conceba um conceito adequado de função social do contrato, é preciso que se busque um elemento externo ao contrato. Por isso, não basta apenas aquela relação de proporcionalidade entre os princípios; é necessário também que, com o contrato, se atinja o bem comum, que o contrato seja bom para os indivíduos e bom para a sociedade[192]. Dessa forma, para esse autor, a função social não se apresenta apenas como meta do contrato, mas como limite da liberdade do contratante de promover a circulação de bens patrimoniais[193], de modo que a sua infringência não acarreta nulidade ou anulabilidade, mas sim responsabilidade civil[194].

THEODORO JÚNIOR adere à lição de Judith Martins Costa, ao defender que, no ordenamento jurídico brasileiro, a função social se localiza no terreno das imposições que tornem o contrato de acordo com o bem comum[195]. Assim, do ângulo da função social, a tarefa do

---

[190] SALOMÃO FILHO, Calixto. Função social do contrato: primeiras anotações. In *Revista de Direito Mercantil, Industrial, Econômico e Financeiro*, São Paulo, v. 42, nº 132, p. 7-24, out./dez. 2003.
[191] THEODORO JR, Humberto. *O contrato e sua função social*. 4ª ed. Rio de Janeiro: Forense, 2014, p. 49.
[192] THEODORO JR, Humberto. *O contrato e sua função social*. 4ª ed. Rio de Janeiro: Forense, 2014, p. 116.
[193] Ibidem, p. 122.
[194] Ibidem, p. 130.
[195] Ibidem, p. 83.

juiz não é criativa, e sim repressiva e sancionatória. Se o contrato se revela ofensivo a direitos de terceiros ou agride interesses de ordem pública caros ao consenso da sociedade e se mostra incompatível com comandos cogentes do direito positivo, ao juiz compete aplicar-lhe a sanção de nulidade ou ineficácia. Se isso não for suficiente para evitar prejuízos a terceiros, a tutela dos prejudicados consistirá em impor aos infratores a responsabilidade civil, sujeitando-os ao ressarcimento[196].

Tratando o tema sob enfoque semelhante, JUNQUEIRA DE AZEVEDO identifica uma nova principiologia do direito contratual, em que a liberdade de contratar estaria a serviço de uma utilidade social maior, ficando a cargo da função social do contrato integrar os contratos numa ordem social harmônica, visando impedir tanto aqueles que prejudiquem a coletividade quanto os que prejudiquem ilicitamente pessoas determinadas[197]. Esse ponto de vista da doutrina brasileira tem muito a ver com o que se consolidou entender da função social da propriedade, que importa ao proprietário um poder-dever, sancionável pelo Estado no caso de descumprimento.

É importante ponderar, não obstante, que a eventual similitude entre função social do contrato e função social da propriedade não poderá servir para transformar os efeitos do instituto[198]. A função social implica o reconhecimento da importância do contrato na sociedade, com sua função própria econômica, não subverte a sua função de estabelecer regulamento privado para determinada relação econômica para adquirir conotação de dever de interesse público. Como brada VERÇOSA, em sentido contrário ao das lições que vêm prevalecendo no Brasil, as quais identificam a função social do con-

---

[196] Ibidem, p. 150
[197] AZEVEDO, Antonio Junqueira de. *Estudos e pareceres de Direito Privado*. São Paulo: Saraiva, 2004, p. 141.
[198] No mesmo sentido, veja-se Daisy GOGLIANO. (A função social do contrato: causa ou motivo. *Revista da Faculdade de Direito da Universidade de São Paulo*, São Paulo, v. 99, p. 160, 2004).

trato com a proteção de interesses externos à avença[199], a prevalecer o entendimento de que a função social do contrato tem o efeito de subverter a vontade das partes a interesses transindividuais, as partes encontrar-se-iam diante de uma completa incerteza. Não se saberia, ao celebrar o contrato, os efeitos da função social de um contrato entre elas celebrado e, se for o caso, qual o alcance da intervenção que poderia ser efetuada sobre a transação feita pelas partes. Como afirma o autor, mesmo que a intervenção tenha como base os nomeados interesses institucionais, cujo contorno é deveras impreciso, a exacerbação da função social como elemento externo ao contrato é contraditória em relação à função propriamente dita do contrato, de regular o interesse das partes[200].

A concepção de que a função social implica ampliação dos limites das obrigações contratuais em favor de uma eventual função externa da avença implica que o regulamento contratual sofra influências de interesses externos à avença. De fato, cabe ao direito público, não aos institutos do direito privado, promover a Justiça Social e olhar por interesses coletivos, promovendo políticas públicas. À disciplina contratual cabe conceder vinculação jurídica ao que não for ofensivo a terceiros e não implicar em abuso de direito, sem criar obrigação objetiva *ex lege* às partes.

A vedação ao abuso de direito deve ser reconhecida como limite da obrigatoriedade contratual. Não depende, entretanto, do reconhecimento da função social, nem se limita à função social do contrato[201]. A obrigação de indenizar pelos prejuízos injustos causa-

---

[199] Vide, nesse sentido, o Enunciado nº 23 das Jornadas de Direito Civil do Conselho de Justiça Federal: "23 – Art. 421: a função social do contrato, prevista no art. 421 do novo Código Civil, não elimina o princípio da autonomia contratual, mas atenua ou reduz o alcance desse princípio quando presentes interesses metaindividuais ou interesse individual relativo à dignidade da pessoa humana."

[200] VERÇOSA, Haroldo Malheiros Duclerc. *Contratos Mercantis e a Teoria Geral dos Contratos* – O Código Civil de 2002 e a Crise do Contrato. São Paulo: Quartier Latin, 2010, p. 119.

[201] Nesse sentido, em 1939, JOSSERAND, já defendia que "uma das pedras de toque da vasta teoria do abuso de direito é aquela do abuso da liberdade contratual que, distorcendo um ato jurídico, estabelece-lhe sob motivos ilegítimos e o utiliza para uma

dos a terceiros, à coletividade ou aos contratantes não se confunde o regulamento contratual, é princípio geral do direito, que se aplica independentemente e mesmo em contradição com o vínculo contratual.

3.4. O interesse relevante (causa) dos contratos agroindustriais no âmbito do SAG

A despeito de uma nova ordem social, é de se reconhecer que o contrato continua tendo uma função específica, de regular interesses da circulação econômica. De fato, para a disciplina contratual, o que se mostra como efetivamente pertinente é identificar se o interesse pretendido pelas partes é um interesse juridicamente relevante, ou seja, se o contrato se prestará a uma função socialmente relevante ou não. A função social do contrato não é, portanto, externa ao interesse das partes, mas identifica-se com a concepção de causa, construída na França, entre os séculos XVII e XVIII, com o objetivo de identificar a justificação do contrato como questão relevante para atribuir juridicidade às obrigações[202]. Segundo essa concepção, a causa é o elemento que impõe ao contrato uma justificada proteção jurídica.

Conforme indica GAMBARRO, muitas são as definições de causa na doutrina[203]. Dada essa indefinição, o autor defende a importância em reconhecer diversas funções da causa na disciplina contratual. Enumera, assim, que, em primeiro lugar, utiliza-se da causa como critério de distinção entre promessas vinculantes e não vinculantes. Em segundo lugar, atribui-se à causa função taxonômica para diferenciar tipos contratuais. Em terceiro lugar, define-se a causa como critério

---

finalidade ilícita, contrária à previsão e ao desejo do legislador". (JOSSERAND, Louis. *Essais de téléologique juridique I:* De l'esprit des droits et de leur relativité. Theorie dite de l'abus de droits. 2ª ed. (reimpressão da publicação de 1939). Dalloz: Paris, 2006, p. 160).

[202] GHESTIN, Jacques. *Cause de l'engagement et validité du Contrat.* Paris: LGDJ, 2006.

[203] Segundo Gambarro na Itália, alguns autores chegaram a catalogar mais de cem conceitos diferentes. Cita, nesse sentido, Bessone e Roppo (*Il controllo sociale della attivitá privata.* Genova, pp. 231 e ss). (Cf. GAMBARRO, Francisco. Causa y Contrato. In _____. *El Contrato em El Sistema Jurídico Latino Americano.* Bogotá: Universidad Federal de Colômbia, 1998).

de regra para invalidar pactos *contra legem,* bons costumes, etc. Por último, destina-se a causa a atuar como princípio que permite introduzir, no contrato, propósitos das partes que de outra maneira seriam irrelevantes[204].

Segundo o autor, vários são os ordenamentos jurídicos que preveem a teoria da causa. Nesse sentido, diferenciam-se: a) aqueles preveem a causa como o motivo essencial que induz as partes a celebrar o contrato e a definem, tais como os Códigos Argentino, Colombiano, Espanhol, Chileno; b) os que preveem a causa como elemento essencial do contrato, mas não trazem uma definição expressa, tais como os códigos de França, Bolivariano, Brasil, Italianos de 1865 e 1942; c) os que se omitem em torno da causa, tais como os códigos de Áustria, Austrália e Holanda e d) os que excluem a relevância da causa, como é o caso do BGB alemão e o NBW holandês. Para o autor, entretanto, o único sistema realmente anticausalista seria aquele dos Princípios Unidroit, aplicáveis aos contratos internacionais[205].

De fato, em que pesem as divergências quanto à limitação da aplicabilidade da teoria da causa ao direito brasileiro[206], parece ser esta a

---

[204] GAMBARRO, Francisco. Causa y Contrato. In _____. *El Contrato em El Sistema Jurídico Latino Americano.* Bogotá: Universidad Federal de Colômbia, 1998.
[205] Idem.
[206] Nesse sentido, é emblemática a posição de Humberto Teodoro Júnior para quem o Código Civil Brasileiro não insere literalmente a causa como requisito necessário à validade do negócio jurídico. Segundo o professor mineiro, a causa não é um elemento essencial do negócio, bastando para a sua validade jurídica que se tenham partes capazes, licitude e determinação do objeto e regularidade da forma, tal qual exige o Art. 104 do Código Civil. Segundo o autor, o contrato não se dissocia de sua causa, portanto, ao identificar função social com causa, estar-se-ia identificando contrato com função social, de modo a não saber onde acaba o contrato e onde começa a sua função social. Todo contrato surge com a finalidade de cumprir uma causa, ou seja, uma finalidade, sendo esta a sustentação ou a justificação do contrato. Trata-se de sua função jurídica e não social, não havendo como atribuir-lhe o papel de limite. Diz o professor que, se por um lado a finalidade prática perseguida pelos contratantes é relevante em vários momentos da disciplina e dos efeitos do negócio jurídico, podendo-se identificar uma identidade entre a causa e a função social do contrato, não se pode dizer que o legislador, ao criar um novo limite para a liberdade negocial, tenha se limitado a reco-

melhor forma de se identificarem os efeitos da função social do contrato à luz do dispositivo do Art. 421 do Código Civil. Nesse sentido, FORGIONI, citando Tulio Ascarelli, defende que a causa do contrato é sua função própria (econômica e social), visada pelas partes, que determina a disciplina jurídica aplicável[207].

Conforme esclarece MESSINEO, quanto ao direito italiano, a causa é um instituto jurídico contemplado no direito positivo como um elemento essencial do Contrato. Assim, veja-se que o Art. 1325 do *Codice* estabelece a causa como requisito do contrato, sendo a sua falta motivo de nulidade do contrato; também o Art. 1418, que comina com nulidade o contrato sem causa ou com causa ilícita[208].

O eminente italiano ensina que a causa é o elemento que confere ao contrato a conotação de meio[209], já que a causa é tomada em consideração como um dado finalístico, ou seja, como a *ratio* que explica o resultado de natureza patrimonial (econômica) do contrato – o resultado que sustenta a modificação de uma situação jurídica pré-existente das partes em função de satisfazer os seus interesses[210]. A causa do contrato exprime, assim, a direção do contrato a realizar um ou mais interesses econômicos das partes que são tutelados pelo ordenamento[211]. Segundo o autor, a causa em concreto serve para individualizar, diferenciando um de outro, cada contrato em espécie. Assim, a causa é constante e invariável em relação ao tipo de contrato, sendo um elemento de natureza impessoal[212]. A ausência de causa, dessa forma, realiza-se diferentemente nos contratos nominados e inominados. Nos contratos inominados, significa que as partes estipulam

---

nhecer um perfil finalístico da obrigação civil. (THEODORO JR, Humberto. *O contrato e sua função social*. 4ª ed. Rio de Janeiro: Forense, 2014, p. 81).

[207] FORGIONI, Paula A. Tullio Ascarelli e os contratos de Distribuição. In AZEVEDO, Antônio Junqueira de et. al (org.). *Princípios do Novo Código Civil Brasileiro e outros temas – Homenagem a Tullio Ascarelli*. São Paulo: Quartier Latin, 2008, p. 529.
[208] MESSINEO, Francesco. *Il Contratto in Genere*. Milano: Giuffrè, 1973, p. 104, tomo primo..
[209] Idem.
[210] Ibidem, p. 105.
[211] Ibidem, p. 108.
[212] Ibidem, p. 120.

um contrato sem perseguir uma finalidade econômica. Nos contratos nominados, significa que as partes, no caso concreto, distorcem o esquema do contrato perseguindo uma finalidade incompatível com o emprego do regulamento contratual[213].

Seguindo essa linha de raciocínio, faz sentido que não se consiga identificar uma só função social para todos os contratos. Pelo contrário, cada contrato tem a sua função social conforme a causa que levou as partes a celebrarem determinado contrato. Em paralelo à propriedade, da mesma forma, cada bem tem uma função social diferente, conforme sua natureza, por exemplo, de bem de consumo ou de bem de produção[214].

Essas ideias parecem alinhadas com o ensinamento de ROPPO, para quem o problema e a função da causa dos contratos é explicar o porquê e o sentido das transferências de riqueza que constituem qualquer operação contratual[215]. A causa do contrato identifica-se com a operação jurídico-econômica realizada tipicamente por cada contrato, com o conjunto dos resultados e dos efeitos essenciais que tipicamente dele derivam, com a sua função econômico-social[216], pois os efeitos do contrato representam precisamente a expressão e a formalização jurídica daquelas transferências de riqueza que constituem

---

[213] Ibidem, p. 121.
[214] Conforme Fabio Konder Comparato (Função social da propriedade dos bens de produção. *Revista de Direito Mercantil, Industrial, Econômico e Financeiro*, São Paulo, v. 25, nº 63, p. 71-79. jul./set. 1986) os bens de produção diferenciam-se dos bens de consumo porque, por sua natureza, devem estar inseridos no contexto produtivo, sendo este o poder-dever dos seus titulares, sejam proprietários, sejam controladores, conquanto tenham o poder de destinação. Em virtude da diferente natureza do bem objeto do direito de propriedade, não incide os mesmos deveres ao proprietário dos bens de consumo que, não obstante, tem os mesmos deveres fundamentais, de uso, gozo, disposição, e reivindicação. O paralelo à disciplina dos contratos nos parece bastante relevante. A função social do contrato não interfere no conteúdo do direito à liberdade de contratar, e de obter o reconhecimento jurídico dos contratos que se demonstrem socialmente relevantes. A função social de cada contrato, ou melhor, de cada operação econômica ou social que seja subjacente ao contrato deve ser integralmente respeitada pelo regulamento contratual.
[215] ROPPO, Enzo. O *Contrato*. Coimbra: Almedina, 2009, p. 196.
[216] Ibidem, p. 197.

qualquer operação contratual[217]. Segundo o jurista italiano, perante a constatação de que o contrato não é funcional à operação econômica perseguida pelos contraentes, e trai o seu sentido e espírito, põe-se o problema de avaliar se os efeitos do contrato devem igualmente produzir-se ou não[218]. Assim, o ordenamento jurídico exerce um controle sobre a funcionalidade do contrato, com a finalidade de verificar se é justo e razoável pretender que um contraente cumpra os seus compromissos contratuais, mesmo em presença de circunstâncias que perturbem o equilíbrio econômico da transação[219].

As regras que governam o controle funcional dos contratos refletem as regras de bom funcionamento do mercado. Nesse sentido, ROPPO defende que haveria um mercado totalmente irracional se a ordem definitiva das operações econômicas fosse deixada exposta a acontecimentos imprevisíveis, ou fosse determinada pelos operadores na base de errôneos conhecimentos da realidade, ou não considerasse que, havendo o descumprimento de uma das partes, a troca não se realizaria[220]. Por isso, a regra do controle da funcionalidade do contrato, mais que todas as outras, documenta o papel do contrato como instrumento essencial para a gestão de uma economia capitalista[221].

Para BESSONE e ROPPO, a função do tipo negocial descreve em abstrato, sem exaurir, a razão justificativa (causa real) da transferência da riqueza operada por meio do negócio[222]. Assim, não faz sentido contrapor a causa (função econômico social) e o motivo subjetivo dos contratantes[223]. Segundo o autor, a distinção de causa e motivo representa, na verdade, um vício de abstração da doutrina civilista, atendo-

---

[217] Ibidem, p. 211.
[218] Ibidem, p. 221.
[219] Idem.
[220] Ibidem, p. 223.
[221] Ibidem, p. 224.
[222] ALPA, Guido; BESSONE, Mário; ROPPO, Enzo. *Rischio Contrattuale e autonomia privata*. Napole: Jovene, 1982, p. 20.
[223] Ibidem, p. 17.

-se ao ritual de expor noções de extrema síntese, sem preocupação com a utilidade dessas distinções[224].

A jurisprudência do Superior Tribunal de Justiça utiliza o princípio da função social do contrato de maneira difusa, como mero instrumento retórico, aplicando o argumento da função social em conjunto com a boa-fé objetiva e o equilíbrio econômico contratual, sem distinguir necessariamente esses institutos Nesse sentido, veja-se o acórdão proferido no AgRg no REsp 1230665/SP, com a seguinte ementa:

> AGRAVO REGIMENTAL. AGRAVO DE INSTRUMENTO. SEGURO DE VIDA. RESCISÃO UNILATERAL DO CONTRATO. RECUSA IMOTIVADA DE RENOVAÇÃO. DANOS MATERIAIS. 1. Face o entendimento pacificado pela Segunda Seção desta Corte, é abusiva a negativa de renovação do contrato de seguro de vida, mantido sem modificações ao longo dos anos, por ofensa aos princípios da boa fé objetiva, da cooperação, da confiança e da lealdade, orientadores da interpretação dos contratos que regulam as relações de consumo. Precedente específico da Segunda Seção desta Corte, Resp nº 1073595/MG, Rel. MIN. NANCY ANDRIGHI. 2. Considerando que a relação contratual mantida entre a agravante e os agravados se estendeu por mais de vinte anos, bem como o fato de já serem idosos, perfeita sintonia entre o presente caso e o 'leading case' desta Terceira Turma segundo o qual "a rescisão imotivada do contrato, em especial quando efetivada por meio de conduta desleal e abusiva – violadora dos princípios da boa-fé objetiva, da função social do contrato e da responsabilidade pós-contratual – confere à parte prejudicada o direito à indenização por danos materiais e morais". (REsp 1255315/SP, Rel. MIN. NANCY ANDRIGHI). 3. AGRAVO REGIMENTAL DESPROVIDO[225].

De fato, conforme ensinava JUNQUEIRA DE AZEVEDO, a boa-fé objetiva, o equilíbrio econômico do contrato e a função social do contrato são os novos princípios do sistema brasileiro do Código Civil de 2002 que passaram a influenciar os seculares princípios contratuais,

---

[224] Ibidem, p. 22.
[225] AgRg no REsp 1230665/SP, Rel. Ministro PAULO DE TARSO SANSEVERINO, TERCEIRA TURMA, julgado em 05/03/2013, DJe 03/04/2013.

da obrigatoriedade do acordo de vontades e da relatividade dos efeitos dos contratos; a liberdade contratual passou a sofrer influência de novos princípios do direito contratual[226]. Há que se fazer, entretanto, absoluta distinção sobre esses princípios que, embora possam ter relação entre si, para melhor contextualizar o contrato no seio das relações sociais, não admitem, como parece ocorrer em parte da jurisprudência, confusão de significado e consequências.

A jurisprudência recente do Superior Tribunal de Justiça tem admitido que o princípio da função social dos contratos deverá ser aplicado com os seguintes objetivos: a) reafirmar o princípio da boa-fé[227]; b) impor a necessidade de consequências éticas do contrato[228]; c) reconhecer os efeitos externos do contrato[229]; d) impor ao regulamento determinada justiça contratual, com a revisão ou resolução do contrato[230]. Todos esses exemplos parecem, entretanto, uma tentativa de extrapolação da função própria dos contratos, para impor-lhes finalidades não próprias dos regulamentos privados, mas das políti-

---

[226] AZEVEDO, Antonio Junqueira de. *Estudos e pareceres de Direito Privado*. São Paulo: Saraiva, 2004, p. 140.

[227] REsp 1294093/RJ, Rel. Ministra NANCY ANDRIGHI, TERCEIRA TURMA, julgado em 08/04/2014, DJe 24/04/2014, e REsp 1161522/AL, Rel. Ministra MARIA ISABEL GALLOTTI, SEGUNDA SEÇÃO, julgado em 12/12/2012, DJe 21/11/2013.

[228] REsp 1277762/SP, Rel. Ministro SIDNEI BENETI, TERCEIRA TURMA, julgado em 04/06/2013, DJe 13/08/2013 REsp 1387990/PR, Rel. Ministro MAURO CAMPBELL MARQUES, SEGUNDA TURMA, julgado em 17/09/2013, DJe 25/09/2013; e REsp 1379870/PR, Rel. Ministro MAURO CAMPBELL MARQUES, SEGUNDA TURMA, julgado em 03/10/2013, DJe 16/12/2013.

[229] REsp 1295838/SP, Rel. Ministra NANCY ANDRIGHI, Rel. p/ Acórdão Ministro SIDNEI BENETI, TERCEIRA TURMA, julgado em 26/11/2013, DJe 25/02/2014.

[230] REsp 1148247/PB, Rel. Ministro LUIS FELIPE SALOMÃO, QUARTA TURMA, julgado em 04/02/2014, DJe 07/04/2014 AgRg no Ag 1281687/MG, Rel. Ministro RICARDO VILLAS BÔAS CUEVA, TERCEIRA TURMA, julgado em 11/03/2014, DJe 18/03/2014 AgRg no REsp 1335536/RS, Rel. Ministro NAPOLEÃO NUNES MAIA FILHO, Rel. p/ Acórdão Ministro BENEDITO GONÇALVES, PRIMEIRA TURMA, julgado em 22/04/2014, DJe 13/05/2014 REsp 1418593/MS, Rel. Ministro LUIS FELIPE SALOMÃO, SEGUNDA SEÇÃO, julgado em 14/05/2014, DJe 27/05/2014; AgRg no REsp 1272995/RS, Rel. Ministro NAPOLEÃO NUNES MAIA FILHO, PRIMEIRA TURMA, julgado em 07/02/2012, DJe 15/02/2012.

cas públicas. O contrato tem função, com efeito, de operacionalizar as relações sociais, mas não necessariamente torná-lhe mais justas e equitativas. Essa é função do direito, como ordenamento estatal, que permite intervir no interesse das partes, até para contrapô-los.

O princípio da função social dos contratos deve ser entendido como corolário do respeito ao interesse das partes e à liberdade de contratar, garantindo efetividade à função econômica do contrato. No Superior Tribunal de Justiça, esse posicionamento tem se destacado especialmente nos julgados relativos a contratos atípicos, nos quais a função econômica própria dos contratos é utilizada como justificativa inclusive para derrogar normas de ordem pública inarredáveis em contratos típicos, privilegiando, nesses contratos, a autonomia da vontade, conforme os seguintes precedentes:

> DIREITO CIVIL. RECURSO ESPECIAL. CESSÃO DE POSIÇÃO CONTRATUAL. ANUÊNCIA DO CEDIDO. EFEITOS DA CESSÃO EM RELAÇÃO AO CEDENTE. RELEVÂNCIA QUANTO À POSSIBILIDADE DE INADIMPLEMENTO CONTRATUAL. 1. A cessão de posição contratual é figura admitida pelo ordenamento jurídico, mormente ante o disposto nos arts. 421 e 425 do CC, consubstanciada na transmissão de obrigações em que uma das partes de um contrato (cedente) vê-se substituída por terceiro (cessionário), o qual assume integralmente o conjunto de direitos e deveres, faculdades, poderes, ônus e sujeições originariamente pertencentes àquele contratante original; sendo certa, portanto, a existência de dois negócios jurídicos distintos: (i) o contrato-base, em que se insere a posição a ser transferida; e (ii) o contrato-instrumento, o qual veicula a transferência propriamente dita. 2. A anuência do cedido é elemento necessário à validade do negócio jurídico, residindo sua finalidade na possibilidade de análise, pelo cedido, da capacidade econômico-financeira do cessionário, de molde a não correr o risco de eventual inadimplemento; nesse ponto, assemelhando-se à figura do assentimento na assunção de dívida. 3. Malgrado, portanto, a obrigatoriedade da anuência, esta assume capital relevância tão somente no que tange aos efeitos da cessão em relação ao cedente, haja vista que, vislumbrando o cedido a possibilidade de inadimplemento do contrato principal pelo cessionário, pode impor como condição a responsabilidade subsidiária do cedente, não lhe permitindo a completa exo-

neração, o que, de regra, deflui da transmissão da posição contratual. 4. No caso concreto, uma vez quitadas as obrigações relativas ao contrato-base, a manifestação positiva de vontade do cedido em relação à cessão contratual torna-se irrelevante, perdendo sua razão de ser, haja vista que a necessidade de anuência ostenta forte viés de garantia na hipótese de inadimplemento pelo cessionário. Dessa forma, carece ao cedido o direito de recusa da entrega da declaração de quitação e dos documentos hábeis à transferência da propriedade, ante a sua absoluta falta de interesse. 5. Recurso especial provido.[231].

O princípio *pacta sunt servanda*, embora temperado pela necessidade de observância da função social do contrato, da probidade e da boa-fé, especialmente no âmbito das relações empresariais, deve prevalecer. A cláusula que institui parâmetros para a revisão judicial do aluguel mínimo visa a estabelecer o equilíbrio econômico do contrato e viabilizar a continuidade da relação negocial firmada, além de derivar da forma organizacional dos shoppings centers, que têm como uma de suas características a intensa cooperação entre os empreendedores e os lojistas. A renúncia parcial ao direito de revisão é compatível com a legislação pertinente, os princípios e as particularidades aplicáveis à complexa modalidade de locação de espaço em shopping center.[232]

De fato, se é uma causa atípica, ou seja, a busca de regulamentar interesses específicos que correspondem a uma função econômica não disciplinada em Lei que justifica a contratação de contratos atípicos, não se pode abdicar dessa função para interpretação dos contratos. Para atender aos interesses específicos e atingir determinada função social diferente dos modelos previamente estabelecidos, as partes têm a necessidade de clausular toda a disciplina contratual[233]. São

---

[231] REsp 1036530/SC, Rel. Ministro MARCO BUZZI, Rel. p/Acórdão Ministro LUIS FELIPE SALOMÃO, QUARTA TURMA, julgado em 25/03/2014, DJe 15/08/2014.
[232] REsp 1413818/DF, Rel. Ministro RICARDO VILLAS BÔAS CUEVA, TERCEIRA TURMA, julgado em 14/10/2014, DJe 21/10/2014.
[233] VASCONCELOS, Pedro Pais de. *Contratos atípicos*. Tese de Doutorado. Almedina: Coimbra, 2009, p. 321.

esses interesses que servem de causa aos contratos individualmente considerados e que devem servir como limites orientadores de suas cláusulas.

No caso dos contratos agroindustriais, a causa contratual que distingue esse tipo de contrato dos demais é exatamente a realização da integração das atividades de um produtor rural e um processador industrial de matérias-primas agropecuárias ou florestais. Esse interesse comum de estabelecer-se em um esquema de integração vertical no âmbito do Sistema Agroindustrial é que deve ser entendido como causa do contrato, a orientar a disciplina contratual, interferindo na interpretação das cláusulas contratuais e nos limites da autonomia da vontade das Partes.

Os contratantes não poderão, ao contratar um contrato agroindustrial de integração, abdicar de cláusulas que estabeleçam um ambiente cooperativo, de conjugação de esforços para a produção adequada de produtos ao mercado pretendido pelas partes. Do mesmo modo, as partes deverão contemplar no regulamento contratual regras que justifiquem os vínculos obrigacionais de longo prazo entre elas, especialmente mediante a repartição dos benefícios econômicos em participar do Sistema Agroindustrial de forma integrada.

Conforme estabelece DE MATTIA, todos os institutos do direito agrário devem sofrer constante adaptação à realidade para que haja correspondência dos dispositivos legais com o fato técnico. Essa é a característica especial do direito agrário, que pretende sempre a adequação do Direito à natureza do fato a regular[234]. A norma agrária, segundo o autor, é sempre instrumental com respeito aos fins da empresa agrária e, por consequência, deve ser interpretada em função desses fins. Três critérios interpretativos: o princípio da normalidade dos acontecimentos (exercício normal da agricultura), da obrigatoriedade da conduta (critério da diligência do bom pai de família

---

[234] MATTIA, Fabio Maria de. *A modernidade dos contratos agrários*. *Revista da Faculdade de Direito da Universidade de São Paulo*, São Paulo, v. 99, p. 125, 2004.

na avaliação do comportamento de quem administra ou tem a responsabilidade da direção da empresa), e o princípio da confiança[235].

Esses princípios se adequam perfeitamente ao que SALARIS estabeleceu quanto aos processos de interpretação e integração dos contratos agrários. Segundo o autor, é imperativo atentar-se aos problemas da vida específicos que ensejam a sua contratação, de maneira a conciliar as normas com a experiência jurídica concreta[236]. A interpretação e a integração dos contratos agrários, conforme esse autor, deve ser feita de forma que o contrato possa corresponder aos fins da organização social em que o contrato agrário está inserido, com base no princípio da normalidade da atividade empresarial e, especialmente, do exercício da agricultura[237].

De acordo com SALARIS, a chave interpretativa dos contratos agrários é intrinsicamente conectada ao interesse da empresa agrária. O contrato agrário é sempre instrumental e deve ser interpretado na sua função perante a empresa agrária[238]. O autor propõe que a interpretação do contrato agrário tenha o sentido de uma operação circular: as declarações das partes permitem indicar qual a causa do contrato; a causa do contrato, por sua vez, elucida o significado das declarações emitidas, de forma a se individualizar a comum intenção dos sujeitos. Pode-se, assim, superar eventuais incoerências, ambiguidades e discordâncias, com atenção ao interesse da empresa agrícola que é previsto no ordenamento jurídico[239].

O exemplo para esse método circular de interpretação, quanto ao contrato de *affito*, é cristalino. A operação interpretativa em sua circularidade permite a determinação da causa do contrato pelas declarações e comportamento das partes e possibilita clarificar que

---

[235] Ibidem, p.126.
[236] SALARIS, Fernando. Problematiche dell'interpretazione dei contratti agrari. *Rivista di Diritto Agrario*, Milano, v. 74, nº 1, p. 47, genn./marz. 1995.
[237] SALARIS, Fernando. Problematiche dell'interpretazione dei contratti agrari. *Rivista di Diritto Agrario*, Milano, v. 74, nº 1, p. 49, genn./marz. 1995.
[238] SALARIS, Fernando. Problematiche dell'interpretazione dei contratti agrari. *Rivista di Diritto Agrario*, Milano, v. 74, nº 1, p. 49, genn./marz. 1995, p. 50.
[239] Idem.

o significado de tais declarações, que importam na transferência do fundo rústico para o cultivo de outrem, demonstram que a causa do contrato pode ser individualizada na constituição e no exercício da empresa agrária[240].

Os contratos agroindustriais têm qualificação diferente dos contratos agrários típicos. Esses contratos, em primeiro lugar, pressupõem a existência da empresa agrária, que exerça atividade agrária com economicidade e profissionalidade para o fornecimento de matéria-prima em um sistema agroindustrial.

Embora seja normal aos contratos agroindustriais de integração que os integradores forneçam aos integrados insumos, serviços e assistência técnica, não é a circulação de mercadorias, seja de insumos, seja de produtos, a causa essencial desses contratos. De fato, embora os contratos agroindustriais impliquem também fornecimento de insumos e mercadorias, o que qualifica esses contratos não é o fornecimento, mas a relação de integração econômica estabelecida entre as partes, com efetiva interferência do processador no modo de produção da empresa agrária, com vistas a garantir a obtenção da matéria-prima específica demandada para o seu processo agroindustrial.

A estabilidade da relação das partes pressupõe também o compromisso de fornecimento, mas não qualifica os contratos agroindustriais. A relação de integração se estabelece naquelas situações em que o fornecimento de produtos está comprometido com os objetivos de ambas as empresas em atender a determinado mercado específico, de modo que a produção agropecuária não é realizada apenas com o objetivo de atender a determinada quantidade contratada, mas, sobretudo, está atenta em buscar o atendimento de determinado padrão de qualidade do produto e do modo de produção, que esteja de acordo com a destinação mercadológica do produto acabado.

Os contratos agroindustriais assumem, portanto, uma função interna à atividade agrária que, embora continue sendo de titularidade do empresário agrário, passa a estar integrada no Sistema

[240] Ibidem, p. 55.

Agroindustrial sob a coordenação do integrador, que, embora não assuma as atividades agrárias próprias do produtor integrado, orienta e subsidia o modo de produção dos produtos agrícolas, pecuários e florestais com vistas a atender a especificidade mercadológica do produto processado.

Do ponto de vista da agrariedade, o contrato agroindustrial assume função de cunho organizacional. Cabe ao seu regulamento garantir que as partes atuem em cooperação, conjugando esforços na organização dos fatores de produção que serão utilizados pela empresa agrária de modo a garantir a adequada obtenção das matérias-primas. Dessa forma, os contratos agroindustriais possuem uma característica de contratos de associação, o que justifica a necessidade de distribuição dos resultados obtidos pelo recíproco interesse na integração de atividades (Art. 3º da Lei nº 13.288/16).

3.5. A função alocativa dos contratos e os contratos agroindustriais

Como contratos de organização da atividade empresária, os contratos agroindustriais são eminentemente contratos de alocação de riscos e de responsabilidades no âmbito do processo produtivo, em que o exercício da autonomia privada deve garantir às partes alocar os fatores de produção da maneira mais eficiente possível. Nesses contratos fica delineada de sobremaneira uma função que vai muito além da mera circulação de riquezas e deve estar alinhado com os padrões da sociedade moderna, em que a racionalidade triunfa sobre tudo e o cálculo de custo e benefício é considerado como motor das decisões individuais das partes, sobretudo, mas não apenas, nas questões empresariais[241].

Conforme estabelece DI CIOMMO, a eficiente alocação dos recursos produz riqueza desde que estejam presentes quatro condições, a saber: a) que o custo social da troca (externalidade negativa) não seja significativo a ponto de anular os benefícios; b) que todos os contratantes sejam informados e conscientes para a avaliação dos prós e contras da contratação, garantindo-se condições idôneas e cons-

---

[241] CIOMMO, Francesco Di. *Efficiencia allocativa e teoria giuridica del contratto:* Contributto allo studio dell'autonomia privata. Torino: Giappichelli, 2012, p. 14.

cientes de todas as partes; c) que cada contratante tenha a possibilidade de procurar no mercado condições que lhes sejam melhores, de modo que a contratação leve em consideração uma escolha racional e determinada por suas próprias condições e d) que as partes sejam eficazmente incentivadas a cooperar e comportar-se de maneira correta e diligente, de modo a não gerar utilidade a uma parte à custa de dano à outra[242].

Com base nessas considerações, pondera o autor italiano que a disciplina dos contratos é construída para ser permeável à influência dos valores e da lógica própria de setores particulares do ordenamento jurídico, de proteção de interesses de terceiros, devendo, nesse sentido, operarem-se as cláusulas gerais[243]. Defende, ao mesmo tempo, que as regras jurídicas perseguem o objetivo de reduzir os custos de transação, os quais se constituem uma externalidade negativa. O contrato, ao ser elaborado pelas partes da forma mais clara e completa possível, implica o melhor exercício da autonomia privada, ainda que o esforço nesse objetivo implique também um custo de transação[244].

É fundamental que o contrato corresponda a uma consciente avaliação de custo, risco e benefício, a induzir a manifestação de vontade. Dessa forma, Di Ciommo defende que a racionalidade contratual dependa de três premissas. Em primeiro lugar, de que o indivíduo tenha informação e possa classificar as alternativas. Em segundo lugar, que as alternativas não sejam nem escassas, limitando a faculdade de escolha, nem ilimitadas, de modo que não possam ser conhecidas e classificadas. Em terceiro lugar, que o mecanismo de avaliação individual não esteja submetido a um fenômeno externo[245].

A anulabilidade dos contratos, segundo o autor, está relacionada à escolha racional das partes e é uma das formas pelas quais o ordenamento garante essa condição de eficiência dos contratos. Nesse

---

[242] Ibidem, p. 21.
[243] Ibidem, p. 27.
[244] Ibidem, p. 34.
[245] CIOMMO, Francesco Di. *Efficiencia allocativa e teoria giuridica del contratto:* Contributto allo studio dell'autonomia privata. Torino: Giappichelli, 2012, p. 37.

sentido, trata-se de defeito dos contratos que se diferencia da nulidade. Esta deve ser uma medida excepcional, que somente se justifica mediante a ocorrência de relevantes externalidades negativas, de tal modo a superar o valor agregado de utilidade que traz às partes com a operação econômica[246].

Dessa perspectiva, o contrato deixa de ser simplesmente instrumento de circulação econômica, torna-se um regulamento da eficiente e racional alocação de custos, riscos e benefícios de uma determinada atividade econômica. Essa concepção, que muitas vezes pode ser inaplicável aos contratos de escambo, adapta-se sobremaneira aos contratos de produção, como é o caso dos contratos agroindustriais, que servem mais para organizar os fatores de produção que instrumentalizar a circulação de insumos, matéria-prima e serviços integrados entre as partes.

A partir dessa dinâmica econômica é que deve ser retomado o princípio da obrigatoriedade jurídica dos contratos e o binômio autonomia privada/responsabilidade contratual[247]. Com efeito, é sempre de se ter em consideração a noção essencial de risco consentido a que as partes se colocam quando decidem, em manifestação de vontade, vincular-se às obrigações contratuais que definiram em ato de liberdade.

Esses princípios não são estranhos ao ordenamento jurídico brasileiro. O Código Civil é expresso no sentido de que deve sempre prevalecer a intenção verdadeira das partes (Art. 112), e que não só a boa-fé mas também as normas consuetudinárias (usos e costumes) são essenciais à interpretação dos negócios jurídicos (Art. 113). Esses dispositivos são suficientes para que se possa privilegiar, nos contratos atípicos, o regulamento estabelecido pelas partes, sem se reportar aos modelos previstos em lei, a menos que não haja contrariedade com a finalidade contratualmente prevista pelas partes.

Quando as regras estipuladas pelas partes forem estabelecidas para fraudar a função social do contrato típico, o regulamento volun-

---

[246] Idem.
[247] ROPPO, Enzo. O *Contrato*. Coimbra: Almedina, 2009, p. 126.

tário previsto no instrumento contratual deverá ser afastado pelo intérprete. Nos casos em que se puder extrair uma finalidade atípica distinta, de acordo com necessidades econômico-sociais peculiares ao caso concreto, entretanto, a aplicação de regulamento de contratos típicos infringirá a função social do contrato atípico e, portanto, o estabelecido no Art. 421 do Código Civil.

Quando a jurisprudência, mesmo diante dessas cláusulas gerais, passa a subverter a vontade das partes e a aplicar as normas próprias dos contratos típicos aos contratos atípicos[248], verifica-se não a insuficiência do direito material, mas a realidade social e política denunciada por GRAU: juristas, juízes e tribunais decidindo a partir de valores, afastando-se do direito positivo[249]. No caso dos contratos, o direito positivo não é necessariamente o direito legislativo, mas essencialmente o direito manifestado pelas partes – a manifestação da vontade e, especialmente, a sua intenção contratual e econômica.

Especialmente quanto aos contratos atípicos, como é o caso dos contratos agroindustriais, devem ser consideradas as obrigações das partes de acordo com a autonomia contratual, como uma unidade vinculada à causa objetiva, declarada pelos contratantes para determinar o regulamento aplicável ao contrato individualmente considerado[250]. No caso, a melhor justiça não é aquela do Juiz, externa à declaração de vontade e à operação econômica, mas sim a prevalência do contrato e das disposições legais que possam integrá-lo sem prejuízo da intenção das partes e da função que esses contratos exercem nos sistemas de produção.

---

[248] Esse é um fenômeno que acontece não apenas no Brasil, mas também na Itália. (Cf. LETO, Angelo Piraino. *I Contratti atipici e innominati*. UTET: Torino, 1974, p. 71).
[249] GRAU, Eros Roberto. *Porque tenho medo dos Juízes* (a interpretação/aplicação do direito e os princípios). 5ª ed. São Paulo: Malheiros, 2009, p. 138.
[250] MESSINEO, Francesco. *Il Contratto in Genere*. Milano: Giuffrè, 1973, p. 707, tomo primo.

3.6. Os contratos agroindustriais à luz da categoria dos contratos relacionais

Os contratos agroindustriais são essencialmente contratos de cunho relacional, o que permite verificar cinco elementos básicos na definição do seu regulamento, a saber: 1) cooperação; 2) troca econômica; 3) planejamento do futuro; 4) sanções externas potenciais; e 5) controle social[251]. Essas características adequam-se estritamente aos arranjos integrados nos Sistemas Agroindustriais, em que as partes se estruturam em torno da especificidade de ativos, o que justifica a adoção de compromissos em que os investimentos não podem ser realocados para outros contratos sem perdas substanciais[252].

Evidentemente, num sistema agroindustrial integrado, o fornecimento de insumos não se faz como mero adiantamento do preço pelo produto ou pela matéria-prima que será utilizada pelo integrador. O produtor recebe o apoio da agroindústria para que possa produzir exatamente a matéria-prima de que o processo industrial necessita para atingir a máxima eficiência do sistema agroindustrial. Da mesma forma, a relação contratual não se limita, para o integrado, a uma maneira de garantir o financiamento de sua produção e a sua destinação mercadológica; ao contrário, deve pressupor participação em um sistema agroindustrial específico, concorrendo com os riscos e os ganhos a serem atingidos pelo produto final no mercado final a que o sistema agroindustrial busca atender.

Esses elementos presentes nos contratos agroindustriais não podem ser desconsiderados na sua apreciação jurídica. Com efeito, ao definir, por interpretação e integração, o regulamento contratual, é fundamental compreender a importância da especificidade de ativos no âmbito da atividade empresária desenvolvida pelos contratantes e adequadamente alocar os deveres e responsabilidade de cada uma das partes. É fundamental ao jurista, por exemplo, levar em consideração que os investimentos feitos no âmbito de um contrato

---

[251] CAMPBELL, David. Ian Macneil and the relational theory. In _____. *The relational theory of Contract*: Selected works of Ian Macneil. Thomson Reuters: London, 2001, p. 10.
[252] Ibidem, p. 16.

agroindustrial, por definição, não são transferíveis quando do término da relação contratual; as prestações são específicas e fundamentais ao desenvolvimento do processo produtivo. Assim, nesse tipo de contrato, é muito difícil superar os efeitos do inadimplemento, bem como determinar uma correlação adequada para a conversão das obrigações em perdas e danos. Como afirma CAMPBELL, a quantificação das perdas pelo descumprimento de contratos relacionais é tão incerta e remota que dificilmente as partes teriam uma compensação justa[253].

É normal aos contratos relacionais que as relações sejam governadas por sanções sociais e indiretas que dificilmente são incorporadas ou reconhecidas pela doutrina tradicional como parte do regulamento jurídico do contrato.

CAMPBELL denuncia que a única possibilidade sancionatória do direito contratual clássico em face do inadimplemento está na responsabilidade patrimonial dos danos causados à parte inocente. Essa solução, entretanto, não é suficientemente eficiente para garantir os interesses protegidos pelas partes por contratos caracterizados pela interdependência delas e pela especificidade de ativos transacionados (não compensáveis *ex-post*). É, portanto, fundamental que as partes adotem conscientemente uma atitude cooperativa, pressuposto essencial da teoria dos contratos relacionais, proposta por Ian Mac Neil[254].

Essa teoria, a qual se filia CAMPBELL, propõe a adoção de regras que possibilitem a criação de atitude cooperativa, estabelecendo os limites em que negociação e reparação legítimas se viabilizam no âmbito do contrato, independentemente das responsabilidades contratuais pré-estabelecidas. Tais limites seriam os únicos deveres a serem estabelecidos pelo contrato, devendo o restante das obrigações ser ajustado pelas partes no curso da execução contratual. Segundo a teoria dos contratos relacionais, uma eventual competição das partes

---

[253] CAMPBELL, David. Ian Macneil and the relational theory. In _____. *The relational theory of Contract:* Selected works of Ian Macneil. Thomson Reuters: London, 2001, p. 16.
[254] Idem.

se legitima quando circundada por uma aceitação integral do compromisso de cooperação como uma ação no âmbito do contrato[255]. Assim, uma troca relacional cria uma circunstância na qual os interesses econômicos individuais de longo prazo de cada uma das partes possam conflitar com qualquer desejo de curto prazo em favor de se maximizar a utilidade individual da transação. Quanto mais relacional for a relação, mais artificial se torna a ideia de maximização de interesses[256].

De fato, quando se pensa em um contrato agroindustrial, o resultado mais evidente do cumprimento do contrato está na entrega do produto final agropecuário para processamento pela agroindústria. O equilíbrio contratual desse contrato, ou melhor, a maximização dos interesses das partes contratantes não está, como seria normal em um contrato de compra e venda, no preço de mercado do produto. O sistema de preços, essencial para a verificação da eficiência alocativa dos contratos, em geral, perde acurácia quanto mais importantes sejam os interesses relacionais da transação[257].

Como ensina Antonio Junqueira de Azevedo, aos contratos relacionais, celebrados em virtude do imperativo econômico de relações de duração caracterizadas por acordo com cláusulas abertas, não são aplicáveis as distinções entre obrigações pré-contratuais e pós-contratuais. Esses contratos, com efeito, têm por objeto a colaboração das partes no desenvolvimento da finalidade contratual estabelecida por elas, que não se traduz em prestações singulares, mas em obrigações indeterminadas, por meio de cláusulas abertas. Nesses contra-

---

[255] Idem.
[256] Ibidem, p. 17.
[257] Aliás, Mac Neil, segundo CAMPBELL, vai além e defende que todas as trocas são, de alguma forma, relacionais. Segundo o autor, mesmo a mais pura troca descontínua, como são as transações agrícolas no mercado *spot*, necessariamente impõem às partes uma matriz social relacional. A crítica de Mac Niel à economia e à teoria contratual tradicional é de que são raras as transações descontínuas em relação às relacionais, sendo assim a contratação relacional, não as trocas descontínuas e que deveriam ser a unidade central da análise econômica do contrato. (CAMPBELL, David. Ian Macneil and the relational theory. In _____. *The relational theory of Contract*: Selected works of Ian Macneil. Thomson Reuters: London, 2001, p. 42).

tos, o princípio da boa-fé, portanto, deve ter uma importância maior, exigindo coerência e lealdade das partes para a conclusão dos objetivos comuns[258].

Ao estabelecer uma relação de longo prazo com a indústria que processa a sua produção, nem sempre o agricultor obtém o melhor preço de mercado, mas certamente tem um incremento de valor em toda a sua atividade, refletindo tal fato em vantagens e ganhos sistêmicos. Por isso, nesses contratos, o aspecto relacional não é só mais evidente, como parece defender Mac Neil[259], mas está na causa dos contratos. A sua função econômico-social não está em garantir e regular uma transação de escambo, como é o caso da maioria dos contratos, mas em estabelecer uma cooperação das partes para que suas atividades empresariais possam reciprocamente se desempenhar da melhor forma possível.

Esses pressupostos são fundamentais para adequadamente compreender e interpretar os contratos agroindustriais. Com efeito, nesses contratos, ainda mais que nos demais contratos agrários, vislumbra-se uma importância ainda mais prevalente da agrariedade. De fato, no contrato agroindustrial todas as obrigações devem se justificar em função da atividade empresária dos contratantes e estarão intimamente conectadas à participação de cada uma das partes no ciclo agrobiológico, de maneira que as partes, tanto produtor, como processador, possam, reciprocamente, obter o melhor resultado possível da atividade agrária. Dessa forma, todas as obrigações assumidas pelas partes devem ser colocadas em função do objetivo de alocar da forma mais eficiente e econômica possível os fatores de produção agrária, não com vistas exclusivamente ao interesse da empresa agrária, mas de todo o sistema agroindustrial em que esta se insere de forma integrada para cooperar e obter resultados mais satisfatórios que teria em um regime de mercado.

---

[258] V. Nota de atualização feita na obra *Contratos*, de Orlando Gomes (*Contratos*. Rio de Janeiro: Forense, 2009, p. 99).
[259] CAMPBELL, David. Op. cit., p. 45.

ZELÉDON aponta que os contratos agroindustriais são de natureza eminentemente associativa e observa que eles promovem ao agricultor a garantia de venda antes do término do ciclo biológico, diminuindo o risco de mercado. Dessa forma, as vantagens econômicas desse tipo de integração vertical se demonstram em estabelecer contratualmente preços determinados, adiantamentos, possibilidade de participar da agregação de valor na cadeia, fornecimento de sementes, insumos e assistência técnica que, de modo geral, resultam em melhoria na qualidade do produto. Na opinião do autor, os contratos agroindustriais mostram-se interessantes à indústria para garantir o fornecimento de matéria-prima em quantidade e qualidade necessárias, possibilitando o seu planejamento sem participar diretamente do risco biológico e dos investimentos relativos à atividade agrícola, embora seja mantido certo grau de vigilância sobre o processo, que permita a garantia de qualidade da produção[260].

Do ponto de vista dos produtores rurais, os contratos agroindustriais representam uma interessante possibilidade de tecnificar a sua produção e atingir mercados mais sofisticados sem necessariamente dispor de todos os recursos necessários para a atividade agrária. Como o estabelecimento das culturas é feito em parceria com outras empresas da cadeia produtiva, especialmente grandes empresas agroindustriais[261], garante-se ao produtor financiamento ou até subvenção de custos[262], assistência técnica capacitada e de qualidade[263],

---

[260] ZELEDÓN, Ricardo Zeledón. Integración Vertical em Agricultura y Contrato agroindustrial. In CARROZZA, Antonio; ZELEDÓN, Ricardo Zeledon. *Teoria General e institutos de derecho agrário*. Astrea: Buenos Aires, 1990, p. 313.
[261] FONSECA, Saulo. Fomento como modelo de negócio e certificação como valor de sustentabilidade. *Revista Opiniões* – o amadurecimento do fomento florestal, Ribeirão Preto: WDS Editora, 2014.
[262] VERONZE, Alzemar José. O empreendedor rural e a cadeia florestal. *Revista Opiniões* – o amadurecimento do fomento florestal, Ribeirão Preto: WDS Editora, 2014.
[263] SOUZA, Pablo Gregório. Conflito de interesses. *Revista Opiniões* – o amadurecimento do fomento florestal, Ribeirão Preto: WDS Editora, 2014.

garantia de compra da produção[264] e acesso a novas tecnologias, mercados, certificação, etc.

Exatamente por sua natureza associativa, que permite à agroindústria suprir o produtor integrado dos meios de que este não dispõe para a atividade agrária sofisticada, os contratos agroindustriais representam uma forma eficiente de integrar pequenos produtores ao *agribusiness*, unindo o empreendimento de alta tecnologia das empresas industriais com a dedicação assídua do pequeno produtor rural. Nada impede que grandes investidores, produtores e grupos econômicos, no entanto, estabeleçam relações de integração vertical com a agroindústria, seja com recursos próprios, seja com recursos de terceiros, inclusive do mercado de capitais.

Os contratos de integração vertical na agricultura, conforme demonstra HENESSY, cumprem o objetivo de suplantar assimetrias de informação existentes nos mercados agrícolas, garantindo benefícios recíprocos para ambas as partes, permitindo ao produtor a segurança do retorno dos seus investimentos no longo prazo, bem como a recompensa por investimentos de qualidade que não seriam percebidos pelos mercados[265]. Se essa maior previsibilidade e segurança se mostra essencial aos pequenos produtores, por garantir a sua renda familiar, também é adequada aos grandes investidores, que buscam segurança quanto ao retorno do seu investimento.

---

[264] EZIDIO, Aldo. Confiança em pauta. *Revista Opiniões* – o amadurecimento do fomento florestal, Ribeirão Preto: WDS Editora, 2014.

[265] HENNESSY, David A. Information Asymmetry as a Reason for Food Industry Vertical Integration. *American Journal of Agricultural Economics* 78, nº 4, p. 1034-1043, 1996. Disponível em <http://www.jstor.org/stable/1243859>. Acesso em 20.08.2016.

Capítulo 4
Os Contratos Agroindustriais e sua Relação com os Contratos Típicos

4.1. A influência do regulamento típico sobre os contratos mistos e a especificidade dos contratos agroindustriais

A relação entre o regulamento jurídico dos contratos atípicos e as normas dos contratos típicos que compõem o contrato misto são analisadas pela doutrina sob quatro enfoques distintos, a saber: a absorção, a combinação, a analogia ou a criação. Essas regras definem princípios de interpretação para os contratos atípicos, considerando, ou não as definições dos tipos contratuais que lhe compõem.

O princípio da absorção considera que cada contrato deve ser considerado pertencente à categoria a que corresponde a prestação principal, ainda que haja outras prestações acessórias que o transformem num contrato misto. Segundo esse princípio, defendido por parte respeitada da doutrina[266], elementos contratuais estranhos aos tipos regulamentados não podem servir de razão para o afastamento do regulamento contratual típico. Dá-se, ao contrato misto, por conseguinte, a disciplina do tipo dominante, na parte que lhe for aplicável, tratando os demais elementos do contrato como cláusulas acessórias,

---

[266] Ascarelli, Tullio. Contrato misto, negócio indireto, "negotium mixtum cum donatione". *Revista dos Tribunais*, São Paulo: Revista dos Tribunais, vol. 952, p. 27, nov./2012. Menciona nesse sentido a posição de Asquini, em oposição Mossa e Mesquina. Igualmente, é a defesa de Jaime Santos Briz (*La contratacion privada:* sus problemas em el trafico moderno. Madrid: Montecorvo, 1966, p. 87).

a serem interpretadas de acordo com os princípios gerais[267]. Segundo essa corrente, ainda que em parte, o regulamento típico deve sempre prevalecer e ser aplicado aos contratos que possuem prestações de contratos tipificados por Lei.

O princípio da combinação, da mesma forma, utiliza o regulamento dos tipos que compõem o contrato misto para a disciplina do contrato atípico. Sua definição decorreu especialmente da dificuldade em identificar, nos contratos atípicos, um tipo contratual dominante que se aplicasse nos moldes da absorção. Segundo essa estratégia de interpretação, portanto, a disciplina dos contratos mistos se dará por meio da combinação de elementos e de preceitos legais originários dos diferentes tipos contratuais que puderem ser identificados no contrato misto, relativizados em função da finalidade própria do contrato atípico individualmente considerado.

Como aponta MESSINEO, a absorção e a combinação são dois critérios igualmente baseados na regulamentação típica dos contratos, os quais permitem, por conseguinte, questionar a atipicidade dos contratos mistos, por subsumi-los ao regulamento de um tipo contratual estabelecido em Lei[268]. De fato, tanto a absorção como a combinação refutam a ideia da novidade absoluta do contrato atípico, o que, de certa forma, contraria o princípio da atipicidade e da liberdade das partes em fixar um regulamento contratual diferente daqueles estabelecidos pelo legislador. Assim, as correntes doutrinárias que, por outro lado, tratam dos contratos mistos com maior autonomia em relação ao regulamento dos contratos típicos, propõem que esses contratos sejam analisados à luz da analogia e da criação,

---

[267] VASCONCELOS, Pedro Pais de. *Contratos atípicos*. Tese de Doutorado. Almedina: Coimbra, 2009, p. 235.
[268] MESSINEO, Francesco. *Il Contratto in Genere*. Milano: Giuffrè, 1973, p. 713, tomo primo. VASCONCELOS, Pedro Pais de. *Contratos atípicos*. Tese de Doutorado. Almedina: Coimbra, 2009, p. 328, cita o entendimento de HELENA DE BRITO que, diante da existência dos tipos sociais, nega atipicidade aos contratos mistos, defendendo que só se poderá falar de contratos atípicos com relação aos contratos absolutamente novos, que não correspondam nem aos tipos legais, nem aos tipos sociais.

como métodos interpretativos autônomos para os contratos atípicos e mistos.

O princípio da analogia pressupõe que o intérprete deve contrapor os contratos atípicos aos contratos típicos, a serem tratados como organismos totalmente diferentes e independentes. Sendo assim, a disciplina dos contratos típicos só poderá ser aplicada aos contratos atípicos por analogia, sem integrar o regulamento contratual respectivo[269], que deverá sempre prevalecer sobre o regulamento previsto em Lei.

A teoria da criação, por outro lado, estabelece uma solução concreta específica para os contratos mistos. Segundo essa teoria, os contratos atípicos devem sofrer uma interpretação integradora, com base nos princípios, nas cláusulas gerais e *"standards"*, tais como a boa-fé, a equidade ou a diligência do *bonus pater familiae*[270], considerando, portanto, a função econômico-social pretendida pelas partes com absoluta autonomia, sem se remeter ao regulamento típico de outros contratos.

Conforme postula AZEVEDO, para evitar a desconsideração da vontade contratual das partes em submeter-se a uma ordem jurídica própria, não prevista em lei, é necessário evitar a aplicação dos regimes jurídicos próprios dos contratos típicos aos contratos atípicos. Segundo o autor, seria imprescindível refutar a analogia para garantir que os contratos atípicos fossem considerados como um todo uno e indivisível de obrigações as quais deveriam ser cumpridas para que não se culminasse na rescisão do contrato complexo e global. Para atingir esse objetivo, o professor defende a regulamentação dos contratos atípicos no direito brasileiro, sugerindo a adoção de regra explícita adotando a teoria da criação e afastando a analogia para a integração e interpretação desses contratos[271].

---

[269] VASCONCELOS, Pedro Pais de. Op. cit., p. 241.
[270] Ibidem, p. 243.
[271] O autor chega a propor um projeto de Lei, regulamentando a disciplina dos contratos atípicos, no qual e que teria disposição expressa nesse sentido, in verbis: Art. 6º, §único: "As normas regulamentadoras dos contratos típicos, em geral, poderão ser aplicadas aos contratos atípicos, desde que não se desnature a natureza e a unidade da

Em sentido semelhante, VASCONCELOS defende que a especificidade de interesses e características dos contratos mistos é que os individualiza e os distingue dos contratos típicos[272]. Assim, o intérprete deve sempre se preocupar em garantir que prestações típicas combinadas ou modificadas sejam adequadamente interpretadas nos contratos atípicos, de modo a satisfazer os interesses específicos e manifestados pelas partes. Segundo o professor português, entretanto, no caso dos contratos atípicos mistos, a analogia é imprescindível para a formação da disciplina do contrato[273].

De fato, não há uma contrariedade ao se utilizar o regulamento contratual típico para os contratos atípicos, especialmente quando for necessário melhor esclarecer os elementos típicos de um contrato atípico misto. O intérprete deve, no entanto, sempre se atentar para não aplicar a disposição legal em contrariedade ao que está estabelecido, no âmbito da liberdade de contratar, pelos próprios contratantes.

JUNQUEIRA DE AZEVEDO, com a sabedoria que lhe era peculiar, define que os contratos atípicos não estão, em princípio, sujeitos a nenhum modelo legal e sim às regras gerais dos contratos, que disciplinam a autonomia privada. Isso não exclui, entretanto, a aplicação das regras dos contratos típicos que lhe sejam cabíveis, e somente as que assim o sejam, por analogia[274].

Defender a aplicação das regras dos contratos típicos aos contratos atípicos por analogia, vale dizer, não significa contrariar o princípio de que o contrato atípico tem um regulamento próprio, não sujeito aos esquemas contratuais pré-estabelecidos. Nesse sentido, é

---

contratação". (Cf. AZEVEDO, Álvaro Villaça de. *Teoria Geral dos Contratos Típicos e Atípicos*. 3ª ed. São Paulo: Atlas, 2009, p. 148).

[272] VASCONCELOS, Pedro Pais de. Op. cit., p. 217.

[273] Ibidem, p. 331.

[274] AZEVEDO, Antônio Junqueira de. Parecer: Contrato atípico, complexo, com elementos de know-how, de gestão e de mandato com administração. Indenunciabilidade de contrato de duração determinada. Apuração de perdas e danos a partir da efetiva resilição, e não de anterior denúncia revogada por comportamento concludente do denunciante. In AZEVEDO, Antônio Junqueira de. *Novos ensaios e pareceres de Direito Privado*. São Paulo: Saraiva: 2009, p. 139.

de se ter claro que a interpretação analógica que aqui se pode fazer será não mediante a direta incidência das regras do contrato típico ao atípico, mas da sua utilização na interpretação deste, pela semelhança dos fins sociais protegidos no contrato, se essa semelhança houver e naquilo que não seja contraditório ao contrato atípico individualmente considerado.

De fato, o contrato atípico pode ser taxativo no sentido de regulamentar toda a relação jurídica entre as partes e, aliás, esse é um objetivo a ser perseguido pelos contratantes que desejam, no limite de sua autonomia privada, submeter-se a um regulamento contratual próprio, diferente dos modelos legalmente estabelecidos. Quanto menos incompleto for o contrato, menos sentido haverá para que a sua interpretação necessite da analogia com o regulamento contratual típico.

Na maioria dos casos, no entanto, os contratos são incompletos, porque dificilmente as partes sabem, de antemão, todos os percalços que poderão ocorrer na relação jurídica. Nesses casos, o intérprete poderá, para adequadamente integrar o regulamento contratual, lançar mão do regulamento dos contratos típicos, tendo em consideração, especialmente nos contratos atípicos, o que determina o Artigo 112 do Código Civil, ou seja, buscando a intenção das partes, inclusive para afastar o regulamento contratual legalmente estabelecido e somente aplicá-lo por analogia naquilo em que as regras estiverem de acordo com essa intenção.

Sendo assim, é de se ter em consideração que, nos contratos atípicos, não é de rigor a aplicação, *a priori*, de qualquer regime jurídico legal. A especificidade dos contratos atípicos deve conduzir as partes desde a fase negocial, passando pela formulação do contrato e pela sua execução, caracterizando, de acordo com os critérios da boa-fé objetiva, a distinta função social pretendida pelos contratantes ao contratar[275]. O eventual recurso à analogia, se necessário, deverá

[275] AZEVEDO, Antônio Junqueira de. Parecer: Contrato atípico, complexo, com elementos de know-how, de gestão e de mandato com administração. Indenunciabilidade de contrato de duração determinada. Apuração de perdas e danos a partir da efetiva resilição, e não de anterior denúncia revogada por comportamento concludente do

ocorrer jamais como forma de interpretação do contrato, que deverá ser livre e adstrito à intenção e à vontade manifestada pelas partes, de acordo com os princípios da boa-fé objetiva.

A analogia só se mostra necessária nos contratos atípicos para a integração contratual, quando o regulamento contratual for dúbio ou silente sobre determinada consequência jurídica da relação das partes. E, sendo assim, não haverá discrepância ou desvirtuamento da atipicidade contratual, pois é de se pressupor que as partes tenham sido expressas em afastar todas as circunstâncias típicas que entendiam em desacordo com a função econômico-social do contrato que pretenderam celebrar.

A identificação do contrato atípico depende de verificar se o contrato, em concreto, diverge em todo ou em parte do esquema legalmente previsto[276]. Para afastar o regime jurídico típico, entretanto, é fundamental que o intérprete identifique uma finalidade jurídica própria do contrato atípico que não seja a fraude do regulamento tipicamente previsto. Como defende VASCONCELOS, naqueles casos em que não se identificar uma finalidade própria, a regulamentação de uma situação econômico-social nova e específica, mas tão somente a tergiversação de deveres objetivos de determinado tipo contratual previsto em lei, para derrogar normas de ordem de pública, o *animus fraudandi* deverá ter como consequência a aplicação da regra típica, sob pena de invalidade do contrato atípico e, eventualmente, sua conversão em outros tipos contratuais[277].

É claro que, havendo contraposição entre a finalidade do contrato atípico e o interesse protegido pela norma da Lei, a norma cogente não será aplicável ao contrato atípico, por sua incompatibilidade com a finalidade do contrato. Desde que a intenção não seja corromper a função social típica, deve prevalecer, no entanto, a boa-fé das partes

---

denunciante. In AZEVEDO, Antônio Junqueira de. *Novos ensaios e pareceres de Direito Privado*. São Paulo: Saraiva: 2009, p. 140.

[276] MESSINEO, Francesco. *Il Contratto in Genere*. Milano: Giuffrè, 1973, p. 694, tomo primo.

[277] VASCONCELOS, Pedro Pais de. *Contratos atípicos*. Tese de Doutorado. Almedina: Coimbra, 2009, p. 447.

de estabelecer regras atípicas, a menos que haja limitação legal, limitando a liberdade contratual. Com efeito, a aplicação de norma legal, mesmo que de ordem pública, em desacordo com a função contratual pressuposta pelas partes no contrato atípico, estaria em absoluta contradição com os artigos 112 e 113 do Código Civil que privilegiam, na interpretação dos contratos, a intenção das partes, a boa-fé, os usos e os costumes, reiterando o compromisso da lei civil com a liberdade contratual.

Essa oscilação entre a viabilidade de aplicação dos regulamentos típicos aos contratos atípicos pode ser vista com interessante profundidade no acórdão proferido pelo Superior Tribunal de Justiça ao julgar o Recurso Especial nº 61.890[278]. No caso, as partes discutiam a possibilidade de divisão de condomínio de quotas sociais estabelecida em contrato social expresso nesse sentido. Em primeira instância, o Juiz determinou a dissolução do condomínio, com aplicação dos preceitos do condomínio *pro indiviso*, estabelecendo que os autores optassem entre vender a quota indivisível ou retirarem-se da sociedade mediante indenização. A decisão, como se vê, desrespeitou o que estava previsto no contrato, aplicando o regime legal, e não agradou a nenhuma das partes, sendo que uma pretendia a manutenção do *status quo*, e a outra, a divisão da quota indivisível. O Tribunal de Justiça, cujo acórdão foi mantido pelo Superior Tribunal de Justiça, reformou a decisão porque entendeu que, tratando-se o caso de contrato atípico, não há que se lhe aplicar disciplina legal específica, especialmente em contradição ao contratado pelas partes que, expressamente, quiseram a indivisibilidade.

A estranheza das consequências da aplicação desse princípio, que privilegia o princípio *pacta sunt servanda*, está explicitada no voto vencido proferido pelo Ministro Ruy Rosado de Aguiar no mesmo arresto. Na divergência, o Ministro não se atém à classificação dos contratos típicos e atípicos, mas à perplexidade de impor ao minoritário a indivisibilidade das quotas sujeitando-o ao império da maio-

---

[278] Superior Tribunal de Justiça (Brasil) REsp, Rel. Min. Salvio de Figueiredos Teixeira, Quarta Turma, julgado em 18/06/1998, DJ 22/03/1999, p. 207.

ria, pelo que vota pela possibilidade do recesso do sócio, com apuração dos haveres respectivos. Ainda que louvável a posição, parece que o Ministro não considerou adequadamente o fato de que, contra decisão nesse mesmo sentido em primeira instância, os minoritários recorreram em recurso de apelação, demonstrando, inequivocamente, que o seu interesse econômico e social, cuja proteção jurídica era requerida ao tribunal, estava em lhes garantir, sob diferentes bases, a continuação de sua participação da sociedade – cujos frutos, provavelmente, deveriam ser muito mais interessantes que a avaliação dos haveres.

O exemplo acima é fundamental para definir o regulamento contratual dos contratos agrários e agroindustriais. Com efeito, os interesses institucionais e sociais que permeiam o estatuto jurídico da empresa agrária, estabelecendo um regramento mais rígido e cheio de interferências externas, contrapõem-se ao princípio da absorção, que poderá invalidar totalmente o esforço das partes em estabelecer um regulamento jurídico próprio, adequado às necessidades socioeconômicas de sua situação especialmente considerada.

Nos sistemas agroindustriais, é normal que os contratos se tornem cada vez mais complexos e que prestações típicas e atípicas se multipliquem em inúmeros instrumentos que regulem uma mesma relação contratual de integração vertical. Assim, o intérprete dos contratos agroindustriais deve sempre verificar a relação de interdependência entre as prestações típicas e atípicas estabelecidas pelas partes sem jamais desconsiderar a autonomia do regulamento contratual. As prestações estabelecidas pelas partes devem sempre se colocar não em função da entrega de mercadorias ou pagamento do preço, mas, em primeiro lugar, em função do essencial objetivo de integração das atividades de produtor e processador de produtos agrícolas, com ganhos recíprocos às partes.

Essa peculiaridade do contrato deve ser percebida pelo intérprete para que o contrato possa ser adequadamente aplicado sem perturbar os interesses das partes em participar de um sistema agroindustrial, estabelecendo uma relação de mútua cooperação e integração.

Contrapõe-se, assim, à ideia de absorção do regulamento contratual a qualquer um dos modelos contratuais típicos que possam ser identificados, mesmo com preponderância.

Em se tratando de contratos atípicos, é fundamental que se tenha o cuidado de buscar nestes interesses das partes, não nos modelos pré-concebidos pelo legislador, o regulamento aplicável ao contrato individualmente considerado, sob pena de contrariar a função primordial do contrato, de servir para que os indivíduos possam autorregulamentar os seus próprios interesses[279].

A má aplicação do princípio da absorção poderá colocar em xeque toda a operação econômica pretendida pelas partes, não só pelas suas consequências no âmbito do direito contratual, do mau entendimento do regulamento contratual propriamente dito, mas também pelas consequências jurídicas do contrato na relação das partes com terceiros. É exemplar, nesse sentido, a discussão quanto à qualificação jurídica dos contratos de *franchising*, em julgados do Superior Tribunal de Justiça[280], em que se discutiu a incidência do ISS, conforme

---

[279] ROPPO, Vicenzo. *Diritto Privato*. 4ª ed. Torino: G. Giappichelli, 2014, p. 422.

[280] Superior Tribunal de Justiça (Brasil). TRIBUTÁRIO. ISS. FRANCHISING. DECRETO-LEI Nº 406/68. LEI Nº 8.955/94. 1. Acórdão a quo que julgou improcedente ação declaratória cumulada com repetição de indébito ajuizada pela recorrente, insurgindo-se contra a cobrança de ISS, ao argumento de não constar da Lista de Serviços anexa ao Decreto-Lei nº 406/68 (art. 79) a prestação dos serviços de franquia, sendo indevidos os pagamentos que efetuou. 2. O art. 2º, da Lei nº 8.955/94, define o contrato de franquia do modo seguinte: "Franquia empresarial é o sistema pelo qual o franqueador cede ao franqueado o direito de uso de marca ou patente, associado ao direito de distribuição exclusiva ou semiexclusiva de produtos ou serviços, e eventualmente, também ao direito de uso de tecnologia de implantação e administração de negócio ou sistema operacional desenvolvidos ou detidos pelo franqueador, mediante remuneração direta ou indireta, sem que, no entanto, fique caracterizado vínculo empregatício". 3. O "franchising", em sua natureza jurídica, é "contrato típico, misto, bilateral, de prestações recíprocas e sucessivas com o fim de se possibilitar a distribuição, industrialização ou comercialização de produtos, mercadorias ou prestação de serviços, nos moldes e forma previstos em contrato de adesão". (Adalberto Simão Filho, "Franchising", São Paulo, 3a ed., Atlas, 1998, págs. 36/42) 4. O conceito constitucional de serviço tributável somente abrange: "a) as obrigações de fazer e nenhuma outra; b) os serviços submetidos ao regime de direito privado não incluindo, portanto,

o serviço público (porque este, além de sujeito ao regime de direito público, é imune a imposto, conforme o art. 150, VI, "a", da Constituição); c) que revelam conteúdo econômico, realizados em caráter negocial – o que afasta, desde logo, aqueles prestados a si mesmo, ou em regime familiar ou desinteressadamente (afetivo, caritativo, etc.); d) prestados sem relação de emprego – como definida pela legislação própria – excluído, pois, o trabalho efetuado em regime de subordinação (funcional ou empregatício) por não estar in comércio." (Aires F. Barreto, "ISS – Não incidência sobre Franquia", in Rev. Direito Tributário, Malheiros Editores, vol. nº 64, págs. 216/221) 5. "A franquia é um contrato complexo nessa acepção. É inviável nela divisar a conjugação de uma pluralidade de contratos autônomos (senão em acepção que será adiante apontada), que se somam por justaposição. Não se trata da cumulação de contrato de cessão de marca com contrato de transferência de tecnologia e outros contratos, cada um com individualidade própria. Há um plexo de deveres impostos a ambas as partes, onde a transferência de tecnologia é indissociável da cessão do uso de marca e dos demais pactos. Esses deveres não são unilaterais, muito pelo contrário. Incumbe a ambas as partes a execução de inúmeras obrigações de fazer. Isso torna inviável a dissociação de obrigações de fazer, para fins de identificação de "prestação de serviço". É impossível, aliás, definir quem presta serviço a quem, no âmbito do contrato de franquia, tal como é inviável apontar remuneração correspondente à prática de um dever específico. Por decorrência e relativamente ao conjunto de atividades desenvolvidas pelas partes, em cumprimento aos plexos de deveres de fazer e de não fazer, previstos no contrato de franquia, não se caracteriza prestação de serviços. Nem o franqueado presta serviços ao franqueador, nem vice-versa." (Marçal Justen Filho, em artigo intitulado "ISS e as atividades de "Franchising", publicado na Revista de Direito Tributário, Ed. Malheiros, vol. 64, págs. 242/256) 6. O contrato de franquia é de natureza híbrida, em face de ser formado por vários elementos circunstanciais, pelo que não caracteriza para o mundo jurídico uma simples prestação de serviço, não incidindo sobre ele o ISS. Por não ser serviço, não consta, de modo identificado, no rol das atividades especificadas pela Lei nº 8.955/94, para fins de tributação do ISS. 7. Recurso provido. (REsp 222246/MG, Rel. Ministro JOSÉ DELGADO, PRIMEIRA TURMA, julgado em 13/06/2000, DJ 04/09/2000, p. 123); RECURSO ESPECIAL – CONTRATO DE FRANCHISING – NÃO INCIDÊNCIA DE ISS – PRECEDENTES. "O contrato de franquia não se confunde com nenhum outro contrato, porquanto possui delineamentos próprios que lhe concederam autonomia. Ainda que híbrido, não pode ser configurado como a fusão de vários contratos específicos" (voto-vista proferido por este signatário no julgamento do REsp 189.225/RJ, in DJ de 03.06.2002).

Dessa forma, o contrato de franquia não pode ser qualificado como uma espécie de contrato de locação de bem móveis, consoante entendeu a Corte de origem, pois que configura um contrato complexo, autônomo e não subordinado a nenhuma outra

a qualificação do contrato, como locação de bem móvel ou como um tipo autônomo, atípico, de contrato. Com acerto, o Superior Tribunal entendeu que se tratava de contrato complexo, ou seja, misto, o qual, pela sua especificidade, deveria ser encarado com autonomia.

Evidentemente, se a Lei permite que as partes celebrem um contrato que não corresponde a nenhum dos tipos previstos e regulados por lei, não cabe ao intérprete tolher essa liberdade. Se os efeitos do contrato são diferentes daqueles previstos em lei, toda disciplina contratual deverá ser estabelecida pela vontade concreta das partes[281], manifestada no ato jurídico que faz adaptação das formas contratuais, rígidas, vazias e abstratas ao conteúdo econômico a que se propõem as partes[282], no pleno exercício de sua liberdade de atuação.

Essas considerações são essenciais à boa interpretação dos contratos agroindustriais, especialmente para que se possa identificar a sua especialidade e, conforme seja o caso, derrogar o regulamento típico aplicável a contratações análogas, ou mesmo estabelecer regras próprias específicas desses contratos em razão de sua função própria. Nesse sentido, CARROZZA foi taxativo ao defender que seria preciso resguardar a autonomia jurídica e econômica das empresas integradas, bem como impedir a perda da independência do empresário agrário em virtude da força econômica superior que se supõe ter a empresa industrial. Para garantir essa autônima, o autor defende que seria melhor uma regulamentação específica para os contratos agroindustriais, atenta à sua complexidade e particularidade, refu-

---

figura contratual. Assim, "em obediência ao princípio tributário que proíbe a determinação de qualquer tipo de fato gerador sem apoio em lei, não incide o ISS sobre as atividades específicas do contrato de franquia" (REsp 189.255/RJ, Rel. Min. Peçanha Martins, DJ de 03.06.2002). Recurso especial provido. (REsp 403.799/MG, Rel. Ministro FRANCIULLI NETTO, SEGUNDA TURMA, julgado em 19/02/2004, DJ 26/04/2004, p. 159).

[281] VASCONCELOS, Pedro Pais de. *Contratos atípicos*. Tese de Doutorado. Almedina: Coimbra, 2009, p. 180.

[282] BRIZ, Jaime Santos. *La contratacion privada:* sus problemas em el trafico moderno. Madrid: Montecorvo, 1966, p. 82.

tando qualquer solução fundada em analogia ou que se submetesse ao regulamento contratual de outros contratos[283].

Como demonstram os autores acima citados, não obstante, em havendo uma compreensão adequada dos contratos mistos e atípicos, de modo a garantir uma interpretação e integração desses contratos atenta à sua função econômico-social própria, é possível prescindir de uma regulamentação específica que oriente a interpretação desses contratos ou de qualquer outro contrato atípico, preservando-se, assim, plenamente, a liberdade das partes para adequar o regulamento contratual à sua situação econômica, sem receio do seu desvirtuamento pela inadequada aplicação de regulamentos contratuais análogos mas incompatíveis com seu objetivo contratual.

4.2. Os elementos típicos e o regulamento contratual dos contratos agroindustriais

Como já mencionamos acima, independentemente de seu reconhecimento pela lei, doutrina e jurisprudência, os contratos agroindustriais de integração vertical continuam sendo contratos mistos, que incorporam elemento dos contratos típicos de compra e venda, de fornecimento e de prestação de serviços. Distinguem-se desses contratos, entretanto, porque possuem uma causa colaborativa que se evidencia além da mera circulação econômica, com vistas a organizar a produção integrada de diferentes empresas agrárias, comerciais e industriais, e atingir da melhor maneira possível o consumidor dos produtos finais.

A Lei nº 13.288/2016 corrobora esse entendimento, extremando os contratos de integração dos contratos típicos usualmente confundidos com os contratos agroindustriais. Nesse sentido, o §2º do Art. 2º da Lei nº 13.288/2016 é expresso ao diferenciar os contratos agroindustriais dos contratos de compra e venda e de fornecimento. Os contratos de compra e venda caracterizam-se por ter relações bilaterais de circulação de mercadorias em troca do pagamento de

---

[283] CARROZZA, Antonio. Consideraciones sobre la tipificación del contrato agroindustrial. In CARROZZA, Antonio; ZELEDÓN, Ricardo Zeledón. *Teoría general e institutos de derecho agrario*. Buenos Aires: Astrea, 1990, p. 327.

um preço fixado em dinheiro. Assim, a simples obrigação de entrega de mercadorias à agroindústria em troca do pagamento do preço não configura contrato agroindustrial de integração, mas contrato de compra e venda.

A compra e venda, quando pressupõe um trato sucessivo entre comprador e vendedor, adquire sua forma atípica, de contrato de fornecimento. Nesse sentido, MARTINS classifica o contrato de fornecimento na categoria de "venda complexa", que se dá por meio de um contrato inicial o qual, na fase de execução, desdobra-se em vários outros dependentes daquele de origem. Segundo o autor, o contrato de fornecimento tem um aspecto obrigatório que não contraria a natureza da compra e venda, já que, ainda que comutativo, o contrato de compra e venda pode também ser aleatório[284].

Esse entendimento também é seguido por GOMES, para quem os contratos de fornecimento são uma modalidade dos contratos de compra e venda caracterizada pela repetição ou continuidade. Segundo o autor, o contrato de fornecimento origina obrigações interdependentes para ambas as partes, sendo, por consequência, sinalagmático e oneroso. O preço das mercadorias fornecidas não é devido *ex ante*, mas proporcionalmente a cada prestação cumprida pelo fornecedor. O contrato de fornecimento pode contemplar regras de exclusividade de qualquer uma das partes, comprador ou do fornecedor. Devido à interdependência das obrigações, o inadimplemento de qualquer uma das prestações imporá o descumprimento e a resolução do contrato, pois afeta a certeza dos posteriores cumprimentos[285].

Da mesma forma que os contratos de fornecimento, os contratos agroindustriais também pressupõem um trato sucessivo de entrega de produtos e, em alguns casos, de insumos para a produção agrária. Assim, é correto dizer que os contratos agroindustriais possuem elementos de contrato de fornecimento. Esses contratos não se con-

---

[284] MARTINS, Fran. *Contratos e obrigações comerciais*. Rio de Janeiro: Forense, 1969, p. 183.
[285] GOMES, Orlando. *Contratos*. Rio de Janeiro: Forense, 2009, p. 285.

fundem, no entanto, porque os contratos agroindustriais não se identificam com contratos mercantis ou de escambo. O elemento que caracteriza os contratos agroindustriais é a integração vertical, promovida pela coordenação das atividades das partes, ou seja, o aspecto organizacional ou associativo já referido.

Nesse sentido, constata-se o contrato agroindustrial naquelas hipóteses em que há prestações de fornecimento interdependentes, em que o fornecimento de determinada qualidade de produtos (insumos) se condiciona a outra prestação de produtos (matéria-prima). Estabelece-se por esses contratos uma interdependência das prestações contratuais com a atividade das empresas contratantes, de modo que a entrega dos produtos corresponde mais que a do cumprimento de uma obrigação contratual, mas à continuidade da empresa das partes. Os contratos agroindustriais, por conseguinte, estabelecem um nexo de dependência das partes que não existe na relação de fornecimento ou de compra e venda.

Evidentemente, pode haver, e é comum que haja, nas relações de fornecimento, uma dependência econômica entre as partes, sobretudo naquelas situações em que o contrato tem por objeto um produto específico, destinado a um único mercado ou a um único consumidor, ou mesmo naquelas situações em que haja uma assimetria entre as partes. A dependência, no entanto, difere da integração. A integração que impõe o reconhecimento dos contratos agroindustriais decorre não de uma dependência econômica das partes, mas de uma interdependência entre a atividade de cada uma das partes. O contrato se mostra necessário para a continuidade das empresas, independentemente da hipossuficiência econômica.

Os contratos agroindustriais também podem ter elementos de contratos de prestação de serviços, mas com esses também não se confundem. É comum, com efeito, que o integrador forneça aos integrados serviços de assistência técnica e até de gestão, colaborando com a atividade do produtor integrado para a extração ótima e eficiente dos seus meios de produção. O fornecimento desses serviços, tal qual ocorre com os insumos, não corresponde à prestação de serviços ao mercado, mas à integração entre as atividades das empresas que participam do negócio de integração e se faz de modo fundamental à garantia de interdependência das atividades das partes.

Da mesma forma, a prestação de serviços parece emprestar elementos aos contratos agroindustriais quando a integração se faz de tal maneira intensiva que o integrador fornece ao integrado todos os insumos e meios de produção, de modo que a atividade do integrado parece limitar-se à organização e utilização desses insumos para a produção dos produtos de necessidade do integrador, assemelhando-se a um contrato de prestação de serviços na modalidade de empreitada ou de produção por encomenda. Os contratos agroindustriais se diferenciam, no entanto, em virtude da vinculação à atividade agrária.

Ao passo que os contratos de prestação de serviços, de empreitada e de produção por encomenda têm por objeto a exploração da força do trabalho, os contratos agroindustriais têm por objeto a exploração do ciclo agrobiológico da criação de animais ou cultivo de vegetais intentado pelo produtor integrado. O valor do contrato não corresponde aos serviços executados pela lavra ou pela criação, mas ao resultado do seu empenho na realização da atividade agrária, empenhando com especificidade os insumos de produção e as técnicas de cultivo e de criação que lhes são próprias. A prestação de serviços, portanto, é instrumental, não essencial ao objeto dos contratos agroindustriais de integração.

Os riscos envolvidos nos contratos agroindustriais e que justificam a especialidade e a agrariedade desses contratos, não correspondem apenas à colocação mercadológica de produtos ou à eficiência de determinados serviços, mas também à realização da atividade agrária e à exploração produtiva dos ciclos agrobiológicos do produto explorado pelas partes. A agrariedade necessária desses contratos, em conjunto com as prestações típicas e interdependentes dos contratos de compra e venda e de prestação de serviços, qualificadas pelo objetivo de coordenação e integração das atividades empresariais do produtor rural e da agroindústria, é que qualifica o tipo dos contratos agroindustriais.

Assim, ainda que se estabeleçam por meio de obrigações cruzadas de fornecimento de insumos, serviços e produtos agropecuários, mesmo que estabelecidas por instrumentos contratuais diferentes, os contratos de integração não devem ser jamais confundidos com formas especiais desses contratos individualmente considerados, mas sempre em função de um vínculo contratual único, de obrigações interdependentes a constituir um sistema de produção integrado.

4.3. Os contratos agroindustriais e os contratos agrários *strictu sensu*: parceria e arrendamento rural

A dependência da atividade agrária nos sistemas integrados de produção aos vínculos estabelecidos pelos contratos agroindustriais bem como a centralidade dos contratos agrários *strictu sensu* para o direito agrário brasileiro tornam obrigatória a reflexão sobre a influência do regulamento contratual dos contratos de arrendamento e de parceria aos contratos agroindustriais. Nesse sentido, é importante mencionar que esses contratos são altamente regulados por normas cogentes, que visam não só à proteção do arrendatário ou parceiro outorgado hipossuficiente mas também à proteção da manutenção da atividade agrária como realização da função social do imóvel rural[286].

De fato, ainda que se possa dizer que os contratos agroindustriais sejam também contratos agrários, os contratos agrários em sentido estrito e os contratos agroindustriais se diferenciam em objeto e em função. Conforme já mencionado no capítulo 2.1, CARROZZA classifica os contratos agrários em: a) contratos para empresa agrária; e b) contratos de empresa agrária[287]. Os contratos de arrendamento e de parceria são contratos para empresa agrária porque têm por objeto estabelecer empresa agrária mediante garantia do acesso à terra para a empresa agrária. Diferentemente, os contratos agroindustriais têm por objeto a cooperação entre empresas, agrárias e agroindustriais,

---

[286] BUENO, Francisco de Godoy. Propriedade e empresa rural: separação das funções a partir dos contratos agrários de arrendamento e de parceria. *Revista Forense*, Rio de Janeiro: Malheiros, v. 105, nº 404, p. 169-187, jul./ago. 2009.

[287] Antonio Carrozza. *Consideraciones sobre la tipificación del contrato agroindustrial*. In: CARROZZA, Antonio; ZELEDÓN, Ricardo Zeledón. *Teoría general e institutos de derecho agrario*. Buenos Aires: Astrea, 1990, p. 323.

para permitir agregação de valor e acesso de seus produtos a mercados.

Os contratos agrários *strictu sensu*, por sua evidente relevância social, são densamente regulados nos mais diversos ordenamentos. BAUSÍLIO, nesse sentido, apresenta que, no direito italiano, a legislação agrária estabeleceu um limite absoluto para a autonomia privada ao tornar obrigatória, por meio do Art. 13 da Lei nº 756, de 15 de setembro de 1964, a transformação de qualquer contrato atípico de concessão do fundo rústico em um dos dois tipos legais, *affitto* (arrendamento), contrato comutativo; ou *colonia parziaria* (parceria), contrato associativo. Essa redução do espectro da autonomia privada tornou-se ainda mais acentuada com o Art. 271 da Lei nº 203, de 3 de maio de 1982, que previu a conversão em arrendamento de todos os contratos agrários que tivessem por objeto a concessão do fundo rústico e tivessem sido firmados depois da sua entrada em vigor[288].

Em geral, essa regra exclui os contratos agroindustriais, que, na maior parte das vezes, apenas implicam a circulação de insumos e de produtos, sem envolver a transferência da posse da terra. Não se pode ignorar, no entanto, que contratos agroindustriais também podem implicar transferência da posse da terra. Nesse sentido, é de se destacar o exemplo, relativamente comum na indústria de cana-de-açúcar do centro-sul brasileiro, de contratos de integração celebrados entre processadores e produtores independentes, que são chamados a operar fundos agrícolas de titularidade da indústria (ainda que adquiridos temporariamente de terceiros, por meio de contratos de arrendamento ou de parceria), com cessão da terra, de insumos e de serviços em troca do compromisso de entrega da produção agrícola.

Nesses casos, a cessão do fundo rústico pode ser considerada uma prestação preponderante, na medida em que a posse da terra é essencial à realização da atividade agrária, mas ainda assim esses contratos não podem ser confundidos com contratos agrários típicos de arrendamento ou de parceria, nem mesmo sob a forma de subarrendamento, ou subparceria. Na realidade, trata-se efetivamente de con-

---

[288] BAUSÍLIO, Giovani. *Contratti Atipici*. Milani: CEDAM, 2014, p. 29.

tratos agroindustriais com elementos de contratos de arrendamento e de parceria. Com efeito, nesses casos, a cessão do fundo rústico não se faz unicamente com objetivo de instituição da empresa agrária, mas como forma de integrar o produtor independente no processo produtivo agroindustrial, com garantia do fornecimento a este dos insumos elementares de produção – especialmente a terra – para a realização da atividade agrária integrada ao processo produtivo da contraparte agroindustrial.

Essa concepção, vinculada mais à função econômica desses contratos que ao objeto de direito que visam a transacionar, conduz à atipicidade de contratos agroindustriais em diferenciação dos contratos agrários típicos de arrendamento e de parceria, o que pode gerar perplexidade, sobretudo nos ordenamentos jurídicos em que a autonomia privada no campo agrário se fez reduzida. É o caso, por exemplo, da legislação italiana que, conforme esclarece SALARIS, estabelece que os sujeitos do contrato agrário não podem, por sua própria vontade, estipular novos contratos que não sejam compatíveis com a disciplina do contrato agrário *'di affito'*, evitando-se que a sua vontade seja direcionada para consecução de finalidades não previstas pelo ordenamento jurídico. Dessa forma, a autonomia negocial das partes nos contratos agrários é vinculada às normas que a limitam de uma maneira incisiva, cabendo às partes realizar o escopo previsto pelo legislador e ao intérprete identificar a margem residual de autonomia atribuída pelo ordenamento jurídico e estabelecer, por meio de processos de interpretação e integração, o regulamento contratual aplicável[289].

Embora não exista, no Brasil, disposição limitando em tal gravidade a autonomia privada dos contratos agrários, a ponto de se obrigar a conversão dos contratos a um determinado modelo contratual legalmente estabelecido, o Estatuto da Terra, Lei nº4.504/64, também regulamenta os contratos agrários de arrendamento e parceria com notável grau de dirigismo contratual e limitação da autonomia

---

[289] SALARIS, Fernando. Problematiche dell'interpretazione dei contratti agrari. *Rivista di Diritto Agrario*, Milano, v. 74, nº 1, p. 48, genn./marz. 1995.

privada. Se, na Itália, a doutrina justifica a intervenção estatal em função do objetivo de preservar a empresa agrária e evitar a participação do proprietário nos riscos e no produto da atividade agrária, no Brasil, a doutrina e a jurisprudência comumente justificam a intervenção estatal na seara agrária em função da presumida hipossuficiência dos arrendatários em relação ao proprietário da terra[290].

De fato, na década de 1960, quando foi editado o Estatuto da Terra, ainda que a maior parte da população se mantivesse no campo, as atividades agrárias não estavam consolidadas em todo território como atividade empresária. O Brasil, àquela época, era importador de alimentos. A agricultura era precária e baseada preponderantemente em produtos primários, sem valor agregado, feita num sistema de colonato, instrumentalizado por meio de contratos de arrendamento e de parceria. Nesse contexto histórico, esses contratos ganharam, no Brasil, contornos especiais, de interesse público[291], visando não necessariamente à empresa agrária, como foram caracterizados pela doutrina mais moderna, mas com a função de garantir o acesso à terra[292] e impedir a exploração do trabalho dos colonos pelos proprietários de terras.

Trata-se de um enfoque peculiar, da concepção marxista do processo produtivo na agricultura, que justifica, do ponto de vista de parte da doutrina do direito agrário brasileiro, o enfoque laboral na análise desses contratos, inclusive com referências de utilização dos contratos de parceria e de arrendamento como forma de fraudar a legislação trabalhista.

---

[290] WAMBIER, Luiz Rodrigues. Contratos agrários: restrições ao princípio da autonomia da vontade. *Revista de Direito Civil, Imobiliário, Agrário e Empresarial*, São Paulo, v. 12, nº 45, p. 108, jul./set. 1988.
[291] WAMBIER, Luiz Rodrigues. Contratos agrários: restrições ao princípio da autonomia da vontade. *Revista de Direito Civil, Imobiliário, Agrário e Empresarial*, São Paulo, v. 12, nº 45, p. 108, jul./set. 1988.
[292] HIRONAKA, Giselda Maria Fernandes Novaes. A função social do contrato. *Revista de Direito Civil, Imobiliário, Agrário e Empresarial*, São Paulo, v. 12, nº 45, p.1418, jul./set. 1988.

Sob esse aspecto, o Art. 92 do Estatuto da Terra[293] foi entendido como uma limitação absoluta da autonomia privada, por tornar obrigatória a adoção dos modelos contratuais estabelecidos em lei (arrendamento rural, de parceria agrícola, agroindustrial e extrativa) para qualquer contrato que tenha por objeto a cessão do fundo rústico. Essa limitação à autonomia privada é vista pela doutrina como forma de proteção do colonato, em privilégio de quem foram estabelecidas cláusulas obrigatórias, a saber: a) prazos mínimos e prorrogação automática para possibilitar a ultimação da colheita; b) direito de preferência da aquisição e na renovação do contrato; c) direito à renovação automática do contrato e d) preço e participações máximas a serem pagas ao proprietário.

De fato, ainda que a lei brasileira tenha sido menos expressa que a lei italiana ao reduzir a amplitude da autonomia privada e vedar a contratação de contratos atípicos para organizar a atividade agropecuária, as regras cogentes do Estatuto da Terra deverão integrar o regulamento contratual dos contratos agroindustriais que, como contratos mistos, incorporem elementos dos contratos agrários típicos de arrendamento e de parceria. Feita essa ressalva, entendemos que não há, na legislação brasileira, uma limitação para que se celebrem contratos agrários atípicos, inclusive com cessão do fundo rústico como parte de suas prestações, desde que esses contratos possuam uma função típica peculiar que se distancie daquela dos contratos de arrendamento e de parceira, os quais têm por objetivo dar destinação econômica à propriedade rural.

Evidentemente, essa é uma função distinta e muito mais limitada dos contratos agroindustriais, os quais se identificam com a função de integrar uma empresa agrária já constituída ao processo produtivo de um sistema agroindustrial. Nos contratos agrários típicos, a operação econômica limita-se a garantir os meios de produção para a empresa agrária. Nos contratos agroindustriais, toda a atividade da empresa

---

[293] Art. 92. A posse ou uso temporário da terra serão exercidos em virtude de contrato expresso ou tácito, estabelecido entre o proprietário e os que nela exercem atividade agrícola ou pecuária, sob forma de arrendamento rural, de parceria agrícola, pecuária, agroindustrial e extrativa, nos termos desta Lei.

agrária se integra a um contexto agroindustrial, seja para garantir o suprimento de insumos, seja para inserir a colocação dos seus produtos no mercado.

Conforme já estabelecido anteriormente, nos capítulos 3.3 e 4.1, a consideração da função dos contratos agroindustriais é essencial para a adequada compreensão do seu regulamento contratual. As cláusulas obrigatórias previstas pelo Estatuto da Terra devem ser aplicadas aos contratos agroindustriais, mas evitando-se a absorção desses contratos pelo regulamento dos contratos legal tipificada. Os interesses tutelados pelo Estatuto da Terra devem ser preservados, mas sem que a aplicação das normas agrárias possa infringir a função econômico-social do contrato agroindustrial – atípico.

O entendimento acima exposto, coerente com uma visão mais moderna do direito agrário e com a realidade do agronegócio, vem sendo paulatinamente reconhecido pela jurisprudência dos tribunais brasileiros, os quais, admitindo a necessidade econômica e social de regular novas formas contratuais, vêm corroborando com a ampliação dos limites à autonomia contratual na seara agrária. Veja-se, nesse sentido, o que resultou do julgamento da Apelação Cível nº 70059768366, pela 18ª Câmara Cível do Tribunal de Justiça do Rio Grande do Sul, no qual se reconheceu expressamente a possibilidade de serem celebrados contratos agrários atípicos no direito brasileiro; nesse caso, um contrato de natureza nitidamente agroindustrial, celebrado entre a indústria e o produtor de tabaco, para fornecimento de fumo sob financiamento de implementos e insumos[294]. No mesmo sentido, o Superior Tribunal de Justiça, ao julgar o Recurso Especial nº 865.132, também reconheceu a atipicidade do contrato celebrado

---

[294] Ementa: APELAÇÃO CÍVEL. CONTRATOS AGRÁRIOS. FORNECIMENTO DE FUMO SOB FINANCIAMENTO DE IMPLEMENTOS E INSUMOS. AÇÃO DE PRESTAÇÃO DE CONTAS. COMPETÊNCIA INTERNA. Contrato agrário atípico. Os recursos nas ações que tenham como causa contratos agrários atípicos – contrato de compra e venda de fumo em folha – são de competência das Câmaras que integram o 5º Grupo Cível por prevalência da especialização na matéria. Aplicação do Regimento Interno. COMPETÊNCIA DECLINADA (AC 70059768366, 18ª Câmara Cível, TJ/RS, Rel.: João Moreno Pomar, DJ 11/12/2014).

para a recria e engorda de suínos, decidindo pela não aplicabilidade das regras do Estatuto da Terra a esses contratos[295].

Da mesma forma, mesmo com relação aos contratos típicos, alguns julgados dos tribunais brasileiros têm relativizado a aplicação das cláusulas obrigatórias do Estatuto da Terra em determinadas situações com base no contexto socioeconômico da contratação. Nesse sentido, por exemplo, veja-se que, embora o regulamento do Estatuto da Terra (Decreto no 59.566/64) proíba a celebração de arrendamento com pagamento em produtos (Art. 18, § único[296]), diversos precedentes têm convalidado contratos nessa modalidade em homenagem aos costumes locais e ao princípio da preservação dos Contratos. Nesse sentido, é de se citar expressamente o que restou decidido nos seguintes acórdãos, conforme as ementas a seguir:

> APELAÇÃO CÍVEL – AÇÃO DE COBRANÇA DE ALUGUEIS DERIVADA DE CONTRATO DE ARRENDAMENTO RURAL – ESTIPULAÇÃO DO PREÇO EM PRODUTO "SOJA" – POSSIBILIDADE – CONVERSÃO DO EQUIVALENTE PRODUTO EM VALOR MONETÁRIO – PRECEDENTES JURISPRUDENCIAIS – HABITUALIDADE DESTA ESTIPULAÇÃO NOS CONTRATOS DE ARRENDAMENTO RURAL – LIMITAÇÃO DO PREÇO DO ARRENDO A 15% DO VALOR DA TERRA – PREÇO ESTIPULADO

---

[295] RECURSO ESPECIAL. PARCERIA AGROINDUSTRIAL. RECRIA E ENGORDA DE SUÍNOS. CONTRATO ATÍPICO. ESTATUTO DA TERRA (LEI 4.504/64). INAPLICABILIDADE. CÓDIGO CIVIL DE 1916. APELO PARCIALMENTE CONHECIDO E, NESSA PARTE, DESPROVIDO.
1. O Estatuto da Terra (Lei 4.504/64) e seu regulamento (Decreto 59.566/66) não se aplicam ao contrato de parceria agroindustrial suinícola, celebrado entre sociedade empresária industrial, voltada para a produção e comercialização de produtos agrícolas industrializados, de um lado, e, de outro lado, os proprietários de imóvel rural, dedicados à produção de suínos como insumo daquela indústria, sob orientação e com apoio técnico daquela.
2. Recurso especial parcialmente conhecido e, nessa parte, improvido.
(Superior Tribunal de Justiça. REsp 865.132/SC, Rel. Ministro RAUL ARAÚJO, QUARTA TURMA, julgado em 13/09/2016, DJe 29/09/2016).
[296] Art. 18. É vedado ajustar, como preço de arrendamento, quantidade fixa de frutos ou produtos, ou seu equivalente em dinheiro.

no Contrato não Incidente na Proibição Legal – Recurso Improvido.²⁹⁷

Apelação Cível – Arrendamento Rural – Inadimplemento – Rescisão – Despejo – Preço – Produto – Possibilidade – Improvimento. Em contrato de arrendamento rural é possível a fixação do preço em produto, consoante os costumes do interior, que devem ser respeitados, evitando o enriquecimento injustificado da parte que assina o contrato e apenas depois, quando do pagamento, e após ter explorado o objeto do contrato, vem alegar nulidade de cláusula.²⁹⁸

Despejo – Contrato de Arrendamento Rural – Mora Constituída – Requisitos do Art. 273, CPC Atendidos – Tutela Deferida – Alegação de Nulidade da Cláusula que Estipulou o Pagamento em Produto – Ofensa ao Art. 18, Decreto-Lei nº 59.566/66 – Relativização – Usos e Costumes da Região – Boa-Fé Contratutal – Decisão Escorreita – Desprovimento. Constatada a inadimplência e constituído em mora, revelam-se presentes os pressupostos para a concessão da antecipação de tutela. Considerando os usos e costumes da região onde se firmou o contrato, visto ser prática comum a fixação do preço do arrendamento rural em produto, há que se relativizar a aplicação do art. 18, do Decreto-lei nº 59.566/66, não se falando em nulidade da cláusula, ainda mais quando não demonstrada a onerosidade ou prejuízo.²⁹⁹

Também os prazos mínimos, estabelecidos de forma cogente pelo Estatuto da Terra em proteção ao arrendatário em alguns precedentes, têm sido relativizados, especialmente para adequação dos contratos à situação de fato, ou seja, à agrariedade própria do contrato, quando os ciclos produtivos não correspondem ao mínimo exigido

---

[297] Tribunal de Alçada do Paraná. Oitava Câmara Cível (extinto TA) – AC – 232843-6 – Laranjeiras do Sul – Rel.: Dimas Ortêncio de Melo – Unânime – J. 14.09.2004.
[298] Tribunal de Alçada do Paraná. Decima Câmara Cível (extinto TA) – AC – 180764-5 – São Miguel do Iguaçu – Rel.: Edvino Bochnia – Unânime – J. 13.09.2002.
[299] Tribunal de Justiça do Mato Grosso. AI 103543/2014, Des. Carlos Alberto Alves da Rocha, Quinta Câmara Cível, Julgado em 08/10/2014, Publicado no DJE 13/10/2014.

pelo legislador. Vejam-se, nesse sentido, a ementa dos seguintes precedentes:

> APELAÇÃO CÍVEL. COBRANÇA. ARRENDAMENTO RURAL. PRAZO INFERIOR AO MÍNIMO LEGAL. CONVENÇÃO DAS PARTES. POSSIBILIDADE. FIXAÇÃO DO PREÇO EM PRODUTO DIVERSO DO CULTIVADO. IMPOSSIBILIDADE. CLÁUSULA NULA. CASO FORTUITO E FORÇA MAIOR. NÃO CARACTERIZAÇÃO. Apelo parcialmente provido. I. Nos contratos agrícolas de arrendamento rural, a fixação de prazo legal inferior ao mínimo de três anos não implica na nulidade de todo o contrato, devendo ainda os arrendatários arcar com os valores do arrendamento pelo prazo usufruído II. É vedada a fixação do preço do arrendamento em quantidade de produtos, conforme inteligência do art. 18 do Decreto nº 59.566/1966, cabendo a substituição da cláusula de preço pelo que for apurado em liquidação de sentença, por arbitramento. III. Caracterizada a previsibilidade do fenômeno natural e demonstrada a imperícia dos arrendatários no cultivo, não resta caracterizado caso fortuito ou força maior.[300]

> Ações de indenização – arrendamento rural – prazo mínimo contratual afastado por acordo entre as partes – cabimento – arrendadores que retomam a área para exploração própria após término do contrato – atraso na devolução da área por culpa dos arrendatários – renovação do contrato não caracterizada – observância da preferência dos arrendatários na renovação do contrato – não cabimento – cláusula contratual que fixa o preço do arrendamento em quantidade fixa de frutos ou produto, ou por seu equivalente em dinheiro – caso de arrendamento, em que a única restrição é o limite de 15% do valor cadastral do imóvel – nulidade não reconhecida – improcedência – apelação não provida.[301]

> PARCERIA AGRÍCOLA – PRAZO MÍNIMO – INEXISTÊNCIA DE PREVISÃO LEGAL – FIXAÇÃO DO DECRETO 59.566/66 – EXORBITÂNCIA

---

[300] Tribunal de Justiça do Paraná. 12ª C.Cível – AC – 622036-6 – Paranavaí – Rel.: Rafael Augusto Cassetari – Unânime – J. 27.01.2010.
[301] Tribunal de Justiça de São Paulo. Relator(a): Eros Piceli; Comarca: Olímpia; Órgão julgador: 33ª Câmara de Direito Privado; Data do julgamento: 22/02/2010; Data de registro: 03/03/2010; Outros números: 1126383400.

DO PODER REGULAMENTAR – LIVRE PACTUAÇÃO DE PRAZO MENOR EM CONTRATO ESCRITO – CABIMENTO. Não obstante o prazo previsto no art. 13, inc. II, letra "a", do Decreto 59.566/66, a norma que o originou (Lei 4.504/64) não exige o prazo mínimo de um quinquênio para os contratos envolvendo a exploração de lavoura permanente. E como a norma regulamentadora não pode alterar os limites estabelecidos pela norma regulamentada, os cinco anos fixados pelo decreto devem ser aplicados somente para os casos em que as partes não convencionaram o tempo de duração do contrato ou se o fizeram de forma indeterminada.[302]

De fato, na atual circunstância do agronegócio brasileiro, nem sempre a parte débil da relação é o cultivador direto. Pelo contrário, não raro os arrendatários e os parceiros outorgados são grandes empresas agrícolas e agroindustriais, às quais não se justifica proteger em prejuízo do reduzido poder de negociação de pequenos e médios proprietários rurais.

No contexto atual, os contratos de arrendamento e de parceria não devem ser vistos somente sob o prisma social, de proteção do cultivador hipossuficiente, mas a atenção do intérprete deve também prender-se à sua vinculação com a atividade agrária, ou seja, ao seu objetivo econômico e social de permitir ao cessionário, arrendatário ou parceiro outorgado os meios para estabelecer sua atividade agrária e, ao mesmo tempo, garantir a situação produtiva do imóvel rural para o proprietário[303]. Esses valores, não a justiça social das partes, é que devem orientar a interpretação e a aplicação das cláusulas obrigatórias aplicáveis tanto aos contratos de arrendamento como de parceria rural.

---

[302] Tribunal de Justiça de São Paulo. Relator(a): Mendes Gomes; Comarca: Novo Horizonte; Órgão julgador: 11a. Câmara do Sexto Grupo (Extinto 2º TAC); Data do julgamento: 29/01/2002; Data de registro: 15/02/2002; Outros números: 630643300.

[303] BUENO, Francisco de Godoy Bueno. Propriedade e empresa rural: separação das funções a partir dos contratos agrários de arrendamento e de parceria. *Revista Forense*, Rio de Janeiro: Malheiros, v. 105, nº 404, p. 169-187, jul./ago. 2009.

4.4. A função agrária das cláusulas obrigatórias do Estatuto da Terra e sua influência sob o regulamento dos contratos agrários

Se o paradigma moderno do direito agrário não é mais a terra e os aspectos políticos que giram em torno da propriedade do fundo rústico, mas a empresa agrária, como organização para a realização da atividade agrária e produção de riquezas a partir do ciclo agrobiológico, a interpretação dos institutos de direito agrário deve dar-se de forma compatível e coerente com essas novas diretrizes. Sem dúvida, não será necessário reformar ou substituir o direito positivo vigente, mas apenas integrar as normas estabelecidas, garantindo, no âmbito dos contratos agrários, que o regulamento contratual esteja alinhado aos objetivos da empresa agrária e ao ciclo agrobiológico.

Tomemos, por exemplo, a regra que estabelece os prazos mínimos. Trata-se de uma regra que sempre esteve presente no regulamento dos contratos agrários. Nesse sentido, GRASSI, em seu levantamento histórico, menciona que, desde a antiguidade, o prazo do contrato de locação rural era em média de cinco anos, findo o qual poderia haver prorrogação tácita pelo prazo de mais um ano. Sua extinção podia dar-se pelo decurso de prazo, pelo mútuo acordo entre as partes ou, ainda, por infração contratual, mas não ocorria pela simples morte das partes. No âmbito público, os ordenamentos jurídicos sempre privilegiaram arrendamentos de longo prazo (*agri vectigales*), de cem ou mais anos e, em alguns casos, em caráter perpétuo, o que deu origem ao instituto da enfiteuse, com maior garantia da manutenção da posse da terra aos colonos nos momentos de penúria e de invasões[304].

Se, de um lado, essas garantias correspondem a uma norma de proteção à pessoa do agricultor, do ponto de vista do direito agrário moderno, por outro lado, a garantia corporativa perde lugar para a objetividade dinâmica da empresa agrária. A adoção desse tipo de norma torna-se coerente com o objetivo de preservar a agrariedade na medida em que garante a preservação da empresa agrária e, do

---

[304] GRASSI NETO, Roberto. Contratos agrários: da antiguidade às legislações contemporâneas. *Revista de Ciencias Jurídicas*, San José, nº 130, p. 13-42, 2013.

ponto de vista constitucional, o cumprimento da função social do imóvel rural.

De fato, parece essencial aos contratos agrários preservar seus efeitos pelo tempo necessário à execução ótima do ciclo agrobiológico, coerente com as condições naturais, econômicas e tecnológicas de cada tipo de produção. BIANCHETTI, nesse sentido, defende que, nos contratos agrários, devem ser respeitados os prazos necessários desde as tarefas preparatórias da terra até a colheita dos frutos, sendo certo que esse ciclo varia em cada espécie de cultivo, de cria de animais, podendo variar inclusive em função da região onde a atividade agrária seja executada[305].

Essa regra fica ainda mais clara quando tomamos em consideração a regra de que o contrato agrário deve sofrer prorrogação automática pelo tempo necessário para a ultimação da colheita, conforme estabelecido no Brasil pelo Art. 95, I, do Estatuto da Terra[306]. Ora, a preservação da agrariedade é um princípio essencial ao direito agrário, que justifica a razão da especialidade da matéria. Dessa forma, embora seja estabelecida para os contratos de arrendamento e de parceria, a vigência de todos os contratos agrários, inclusive de contratos agroindustriais, deve corresponder ao tempo dos ciclos agrobiológicos.

Por analogia aos contratos agrários típicos, também nos contratos agroindustriais, o vínculo obrigacional das partes deve persistir não apenas pelo prazo contratual estabelecido no contrato, mas ser estendido ou limitado em função do tempo respectivo aos ciclos agrobiológicos da atividade agrária do produtor integrado.

Suponha-se, por exemplo, o caso de um contrato agroindustrial para a produção de cana-de-açúcar, em que a usina contribui com o

---

[305] BIANCHETTI, Alba Esther. Contratos para florestales em argentina. In _____. *Desafios do direito agrário contemporâneo*. Flávia Trentini (org). Ribeirão Preto: Altai, 2014, p. 18.

[306] Art. 95. Quanto ao arrendamento rural, observar-se-ão os seguintes princípios:
I – os prazos de arrendamento terminarão sempre depois de ultimada a colheita, inclusive a de plantas forrageiras temporárias cultiváveis. No caso de retardamento da colheita por motivo de força maior, considerar-se-ão esses prazos prorrogados nas mesmas condições, até sua ultimação;

plantio do produtor integrado para garantir o fornecimento de matéria-prima para a produção de etanol e açúcar: o vínculo contratual das partes deverá persistir pelo tempo de fruição do canavial, prorrogando-se o prazo contratual enquanto for possível explorar a plantação, ou antecipando-se o vencimento do prazo no caso de exaurimento do canavial.

Da mesma forma, no caso de um contrato agroindustrial de integração com a finalidade de engorda de animais, bovinos, suínos ou aves, ainda que o contrato preveja a entrega dos animais engordados em prazo certo, esse prazo deverá ser tido como meramente estimativo, devendo ser ajustado no curso da relação contratual conforme o ciclo biológico dos animais. Assim, de um lado, o produtor deverá estar obrigado a manter o trato dos animais até que seja possível a conclusão do regime de engorda e, do outro lado, a indústria integradora somente poderá exigir a entrega dos animais quando estes estiverem no ponto de abate.

Corroborando esse entendimento, o Art. 4º, XIV, da Lei nº 13.288/16 estabelece expressamente que, no caso de rescisão unilateral e antecipada do contrato de integração, o prazo para aviso prévio deve levar em consideração o ciclo produtivo da atividade e o montante dos investimentos realizados, devidamente pactuado entre as partes. Essa regra vai exatamente em linha não só de proteger o equilíbrio econômico contratual, como já seria normal nos contratos de trato continuado, nos termos das cláusulas gerais previstas pelo Código Civil, mas especialmente de atender ao princípio de que, nos contratos agrários, as obrigações e os prazos se submetem ao ciclo agrobiológico tanto quanto à vontade das partes. A preservação da atividade agrária e a manutenção da vigência contratual com essa finalidade é cláusula obrigatória a ser observada pelas partes.

Outro traço comum à regulamentação dos contratos agrários é a garantia do direito de preferência na renovação do contrato e preempção na aquisição do imóvel. Do ponto de vista social e econômico, o direito de preferência outorgado aos arrendatários de um imóvel rural relaciona-se com o objetivo de garantir o acesso à terra[307], uma vez que garante que o arrendatário continue explorando o imóvel rural. Nos contratos agroindustriais, entretanto, a continuidade da relação obrigacional não pode ser considerada um objetivo relevante, pelo contrário, as partes devem permanecer com absoluta liberdade para estruturar sua atividade empresarial, com ou sem integração vertical entre empresa agrária e empresa agroindustrial. Assim, não devem ser aplicados a esses contratos, em nenhuma hipótese, os direitos de preferência próprios dos contratos de arrendamento.

Desse ponto de vista, é de se acrescentar que contratos que tenham natureza associativa não são compatíveis com obrigações de continuidade, por eventual infringência ao princípio da liberdade de associação[308]. Assim, da mesma forma em que o direito de preferência à renovação não pode ser aplicado aos contratos de parceria, também não o deve ser para os contratos agroindustriais, que igualmente possuem, em si, um caráter de contrato associativo empresarial, cuja continuidade deve necessariamente respeitar a autonomia das partes, a liberdade de associação e a livre iniciativa para a organização econômica.

Uma última cláusula obrigatória que deve ensejar discussão sobre a eventual aplicação aos contratos agroindustriais diz respeito aos preços máximos e mínimos aplicáveis aos contratos agrários. É cediço que o Estatuto da Terra fixa limites máximos para o pagamento do uso da terra pelo arrendatário ou parceiro outorgado, considerando ou o valor cadastral do imóvel, no caso do arrendamento, ou um limite percentual para a partilha dos frutos extraídos pelo parceiro

---

[307] HIRONAKA, Giselda Maria Fernandes Novaes. A função social do contrato. *Revista de Direito Civil, Imobiliário, Agrário e Empresarial*, São Paulo, v. 12, nº 45, p. 1418, jul./set. 1988.

[308] Nesse sentido, veja-se o acórdão publicado na Revista dos Tribunais, Vol. 611, p. 141. Set./1986. JRP\1986\1165.

outorgado ao proprietário (Arts. 17[309] e 35[310]). Esses limites possuem um objetivo vinculado à função social daqueles contratos, que é o de garantir retorno ao cultivador direto, privilegiando a destinação produtiva do imóvel rural em prejuízo do retorno do capital do proprie-

[309] Estatuto da Terra. Art. 17. Para cálculo dos preços de arrendamento em cada imóvel rural, observar-se-ão, com base no inciso XII do art. 95 do Estatuto da Terra os critérios fixados nos parágrafos seguintes:
§ 1º Nos casos de arrendamento da área total do imóvel rural, a um ou mais arrendatários, a soma dos preços de arrendamento não pode ser superior a 15% (quinze por cento) do valor da terra nua, fornecido na Declaração de Propriedade de imóvel rural e aceito para o Cadastro de Imóveis Rurais do IBRA, constante do recibo de pagamento do impôsto territorial rural (ITR)
§ 2º Nos casos de arrendamento parcial a um ou mais arrendatários, a soma dos preços de aluguel não poderá exceder a 30% (trinta por cento) do valor das áreas arrendadas, avaliado êsse com base no valor do hectare declarado e aceito, para o Cadastro de imóveis rurais do IBRA.
§ 3º Para a área não arrendada, admite-se um preço potencial de arrendamento, que será de 15% (quinze por cento) do valor mínimo por hectare estabelecido na Instrução Especial do IBRA, aprovada pelo Ministro do Planejamento, na forma prevista no parágrafo 3º do art. 14 do Decreto nº 55.891, de 31 de março de 1965.
§ 4º O preço potencial de arrendamento da área não arrendada, mais a soma dos preços de arrendamento da áreas arrendadas, não poderá exceder o preço máximo de arrendamento da área total do imóvel, estipulado no parágrafo 1º dêste artigo.
[310] Estatuto da Terra. Art 35. Na partilha dos frutos da parceria, a cota do parceiro--outorgante não poderá ser superior a (art. 96, VI, do Estatuto da Terra).
I – 10% (dez por cento) quando concorrer apenas com a terra nua;
II – 20% (vinte por cento) quando concorrer com a terra preparada e moradia;
III – 30% (trinta por cento) caso concorra com o conjunto básico de benfeitorias, constituído especialmente de casa de moradia, galpões, banheiro para gado, cêrcas, valas ou currais, conforme o caso;
IV – 50% (cinqüenta por cento), caso concorra com a terra preparada e o conjunto básico de benfeitorias enumeradas no inciso III, e mais o fornecimento de máquinas e implementos agrícolas, para atender aos tratos culturais, bem como as sementes e animais de tração e, no caso de parceria pecuária, com animais de cria em proporção superior a 50% (cinqüenta por cento) do número total de cabeças objeto da parceria;
V – 75% (setenta e cinco por cento), nas zonas de pecuária ultra-extensiva, em que forem os animais de cria em proporção superior a 25% (vinte e cinto por cento) do rebanho onde se adotem a meação do leite e a comissão mínima de 5% (cinco por cento) por animal vendido.
(...)

tário da terra, condenado como sendo forma de especulação imobiliária.

O regulamento dos contratos agrários típicos estabelece esse tipo de limitação porque pressupõe a hipossuficiência econômica dos cultivadores diretos, cuja debilidade impõe a necessidade de criação de normas cogentes para evitar uma eventual injustiça contratual decorrente da sua falta de capacidade para a negociação de um preço ou uma participação justa para a utilização da terra. A tendência jurisprudencial, no entanto, é limitar a eficácia dessas cláusulas obrigatórias para que não sejam aplicadas aos contratos em que não haja hipossuficiência econômica dos contratantes a justificar uma interferência no equilíbrio econômico do contrato desejado pelas partes. Nesse sentido, veja-se, a título de exemplo, o julgado do Superior Tribunal de Justiça no Recurso Especial nº 1447082, assim ementado:

> RECURSOS ESPECIAIS. CIVIL. DIREITO AGRÁRIO. LOCAÇÃO DE PASTAGEM. CARACTERIZAÇÃO COMO ARRENDAMENTO RURAL. INVERSÃO DO JULGADO. ÓBICE DAS SÚMULAS 5 E 7/STJ. ALIENAÇÃO DO IMÓVEL A TERCEIROS. DIREITO DE PREFERÊNCIA. APLICAÇÃO DO ESTATUTO DA TERRA EM FAVOR DE EMPRESA RURAL DE GRANDE PORTE. DESCABIMENTO. LIMITAÇÃO PREVISTA NO ART. 38 DO DECRETO 59.566/66. HARMONIZAÇÃO DOS PRINCÍPIOS DA FUNÇÃO SOCIAL DA PROPRIEDADE E DA JUSTIÇA SOCIAL. SOBRELEVO DO PRINCÍPIO DA JUSTIÇA SOCIAL NO MICROSSISTEMA NORMATIVO DO ESTATUTO DA TERRA. APLICABILIDADE DAS NORMAS PROTETIVAS EXCLUSIVAMENTE AO HOMEM DO CAMPO. INAPLICABILIDADE A GRANDES EMPRESAS RURAIS. INEXISTÊNCIA DE PACTO DE PREFERÊNCIA. DIREITO DE PREFERÊNCIA INEXISTENTE.
>
> 1. Controvérsia acerca do exercício do direito de preferência por arrendatário que é empresa rural de grande porte.
>
> 2. Interpretação do direito de preferência em sintonia com os princípios que estruturam o microssistema normativo do Estatuto da Terra, especialmente os princípios da função social da propriedade e da justiça social.
>
> 4. Proeminência do princípio da justiça social no microssistema normativo do Estatuto da Terra.

5. *Plena eficácia do enunciado normativo do art. 38 do Decreto 59.566/66, que restringiu a aplicabilidade das normas protetivas do Estatuto da Terra exclusivamente a quem explore a terra pessoal e diretamente, como típico homem do campo.*
6. *Inaplicabilidade das normas protetivas do Estatuto da Terra à grande empresa rural.*
7. *Previsão expressa no contrato de que o locatário/arrendatário desocuparia o imóvel no prazo de 30 dias em caso de alienação.*
8. *Prevalência do princípio da autonomia privada, concretizada em seu consectário lógico consistente na força obrigatória dos contratos ("pacta sunt servanda").*
9. *Improcedência do pedido de preferência, na espécie.*
10. RECURSOS ESPECIAIS PROVIDOS.[311]

É verdade que, em muitas situações, as cláusulas obrigatórias do Estatuto da Terra se mostram inapropriadas, especialmente porque podem colocar em risco a eficácia alocativa dos contratos agrários, dando azo a comportamentos oportunistas das partes que, num primeiro momento, concordaram conscientemente com determinadas condições contratuais, mas que, *a posteriori*, utilizam-se maliciosamente da proteção do Estatuto da Terra ao cultivador direto para escapar aos seus compromissos contratuais. Vale ressaltar, no entanto, que o critério meramente econômico utilizado pela jurisprudência citada não parece preciso nem adequado para orientar a aplicação das cláusulas obrigatórias aos contratos agrários em geral e aos contratos agroindustriais em especial.

É necessário ater-se à função das cláusulas obrigatórias e à sua relação com os princípios de direito agrário. Os preceitos normativos do Estatuto da Terra para os contratos agrários devem ser distinguidos entre a) cláusulas obrigatórias com função agrária, assim consideradas aquelas que têm vínculo direto com a agrariedade, ou seja, que vinculam as obrigações contratuais dos contratos agrários ao ciclo agrobiológico (ex: prorrogação automática do contrato para ultimação da colheita) e devem ser aplicadas a todos os contratos agrários, indistintamente; b) cláusulas obrigatórias com função fun-

---

[311] REsp 1447082/TO, Rel. Ministro PAULO DE TARSO SANSEVERINO, TERCEIRA TURMA, julgado em 10/05/2016, DJe 13/05/2016.

diária, assim consideradas aquelas vinculadas que têm relação com o cumprimento da função social do imóvel rural (ex: direito de preferência à aquisição e à renovação do contrato), que não devem ser aplicáveis aos contratos agrários de organização empresarial, como os contratos associativos e c) cláusulas obrigatórias com função social, cujo objetivo é a proteção social do contratante hipossuficiente, somente aplicáveis aos casos em que há situação de absoluta dependência econômica pessoal das partes, quando não se pode dizer que a relação estabelecida seja de cunho empresarial, mas efetivamente existencial[312].

4.5. Os contratos agroindustriais e a categoria dos contratos assimétricos

ROPPO evidencia um novo paradigma na teoria dos contratos, no qual a força de lei das obrigações se tornou seriamente limitada em função de amplas regras de exceção, de denúncia por arrependimento, de nulidade ou anulabilidade e obrigações de forma, de conteúdo e de transparência ou completude. Segundo o autor, é possível identificar, no direito europeu e italiano, uma situação nova, em que a autonomia contratual cede espaço para regras de conduta na disciplina contratual. Nesse novo paradigma, o contrato passa a submeter-se a normas de ordem tradicionalmente separadas, como as regras de validade e de comportamento e de responsabilidade, que passam a interagir na disciplina contratual[313].

O novo paradigma contratual apresentado por ROPPO corresponde a um fenômeno, que também ocorre no Brasil, de ampliação das normas inicialmente estabelecidas pelo Código de Defesa do Consumidor para uma gama mais ampla de contratos, seja em virtude da assimilação dos preceitos inicialmente consumeristas pela teoria geral, seja pela proliferação de regulamentos contratuais específicos

---

[312] Nesse sentido, veja-se a classificação de contratos proposta por Antônio Junqueira de Azevedo, entre contratos existenciais e contratos de lucro, cf. nota de atualização a *Contratos*, de Orlando Gomes (*Contratos*. Rio de Janeiro: Forense, 2009, p. 100).
[313] ROPPO, Vicenzo. *Il Contratto del Duemila*. 3ª ed. Torino: Gippichelli, 2011, p. 85.

que permitem identificar uma força expansiva desses preceitos que os projetam para todos os ramos do direito dos contratos[314]. Vê-se, assim, o surgimento de uma nova categoria de contratos, os contratos assimétricos.

Com efeito, o pressuposto da incidência das regras de conduta sobre os contratos, segundo Roppo, está no reconhecimento da assimetria contratual, decorrente não necessariamente da posição socioeconômica das partes, mas de uma situação de relativa debilidade de uma parte em relação à outra, correspondente a uma assimetria de poder contratual. Essa assimetria, essencial à posição do consumidor em relação ao fornecedor nas relações de consumo, passa a identificar-se nos demais contratos, justificando ao legislador impor normas de conduta que correspondam à proteção do investidor, do cliente, do locatário, etc, em equalização à posição de dominância contratual da outra parte[315].

Essa assimetria pode ocorrer tanto em contratos empresariais como em contratos existenciais, impondo uma atenção ao intérprete que supere a limitação hermenêutica dos subsistemas, como o das relações consumeristas, ou mesmo a ausência de interesse de lucro de uma ou de todas as partes do contrato.

Os contratos agrários são, na maioria das vezes, contratos assimétricos. Com efeito, raramente ambas as partes estão em plena condição de igualdade ou poder contratual. Nesse sentido, destaca-se não apenas a hipossuficiência econômica. Como diz Roppo, a assimetria identificada nos contratos assimétricos não se relaciona à condição subjetiva das partes, mas decorre da sua posição contratual. Trata-se, como diz o autor, de uma assimetria fisiológica, não patológica do contrato[316]. No caso dos contratos agrários, certamente há que se verificar, em primeiro lugar, uma assimetria em função da dependência e subordinação da empresa agrária ao fato técnico, ou seja, ao ciclo agrobiológico.

---

[314] Ibidem, p. 86.
[315] Roppo, Vicenzo. *Il Contratto del Duemila*. 3ª ed. Torino: Gippichelli, 2011, p. 87.
[316] Ibidem, p. 106.

Nesse sentido, é de se ter em consideração que é da essência do contrato agrário que o adimplemento das obrigações não depende exclusivamente do devedor, mas depende também de fenômenos naturais respectivos à atividade agrária desenvolvida por uma ou por ambas as partes, especialmente pela empresa agrária.

A segunda debilidade comum aos contratos agrários é com relação às informações disponíveis em respeito ao fato técnico. Nesse particular, não obstante o imponderável das condições naturais, é natural que a parte diretamente envolvida com a atividade agrária tenha uma dominância das informações disponíveis sobre as condições de cumprimento do contrato. Esse também é um fato que induz à assimetria técnica, impondo um dever ampliado de transparência nas relações agrárias que implicam no regulamento dos contratos agrários e agroindustriais. A parte responsável pelo ciclo agrobiológico deve sempre prestar contas do desenvolvimento deste à outra.

Por último, há uma terceira debilidade que certamente atinge a maior parte dos contratos agrários, identificando-os como contratos assimétricos. Trata-se da posição das partes em relação ao mercado. Sem dúvida, por envolverem produtos agrícolas perecíveis, que na maior parte das vezes precisam ser processados ou comercializados imediatamente após a colheita, com dificuldades em relação a estoque e especulação de melhores preços, grande parte dos contratos agrários reflete uma situação de vulnerabilidade de uma das partes, que pode implicar uma posição de dominância ou de dependência de uma parte em relação à outra, também a demandar especiais regras de conduta a serem observadas para proteger o equilíbrio das partes.

A assimetria identificada por Roppo corresponde, nos contratos agroindustriais, ao fenômeno das hierarquias identificado pela teoria da agência. De fato, ao analisar as relações de integração vertical sob o paradigma da economia dos custos de transação, a doutrina econômica e das organizações estabeleceu que as relações entre os agentes de uma cadeia de produção integrada se fazem de maneira hierárquica, em que há certa dominação de uma parte pela outra.

Como explica Eggerstsson, a relação de agência se estabelece quando uma parte (principal) delega alguns direitos de propriedade à outra parte (agente), que se compromete por um contrato a representar o interesse do principal[317]. Nos contratos correspondentes às relações de agência, as informações entre as partes são distribuídas assimetricamente. Assim, segundo a perspectiva econômica, os agentes tomam vantagem dos altos custos de medição, monitoramento e execução do cumprimento das obrigações contratuais pelos principais, podendo atuar de maneira oportunista. Ao reconhecer essas falhas correspondentes aos contratos, economistas buscam medir custos de agência, que são equivalentes à soma dos investimentos feitos pelo principal em monitorar e limitar o descumprimento do contrato mais os custos associados ao descumprimento residual[318].

Como identificado por Roppo, os estatutos contratuais específicos para essas relações foram fundamentais para restabelecer, no âmbito dos contratos assimétricos, o equilíbrio da relação entre as partes. Nesse sentido, mais que regras impositivas de obrigação contratual, são essenciais normas de conduta que possam mitigar os efeitos das assimetrias sem alterar as funções próprias dos contratos. Esse é o desafio que se impõe aos operadores dos contratos agrários e dos contratos agroindustriais.

4.6. A integração vertical e o controle antitruste dos contratos associativos

Salomão ensina que as formas de integração vertical podem ser tão ou mais nocivas à concorrência que as formas horizontais de integração. Segundo o autor, ao garantir ao processador acesso direto às fon-

---

[317] Eggertsson, Thráin. *Economic Behaviour and institutions*. Cambridge: Cambridge University Press, 1990. Disponível em <http://library.fa.ru/files/Eggertsson1.pdf>, p. 38. Acesso em 10.10.2016. O autor estabelece que direitos de propriedade correspondem ao direito dos indivíduos em utilizar os recursos. Um sistema de direitos de propriedade é um método de atribuição aos indivíduos de autoridade para selecionar para determinados bens qualquer uso dentre os usos não proibidos, dividindo-se em três categorias de direitos de propriedade: a) Direito de usar um ativo; b) Direito de obter renda do ativo ou contratar com outros indivíduos o seu uso e c) Direito de transferir permanentemente a outro os direitos de propriedade sobre o ativo.
[318] Eggertsson, Thráin. *Economic Behaviour and institutions*. Cambridge: Cambridge University Press, 1990, p. 41.

tes de matéria-prima, não como cliente, mas como controlador (ou controlado), a integração vertical pode facilitar a prática de *dumping*. Ao mesmo tempo, não deve ser negligenciado que a integração vertical poderá ter efeito nocivo à concorrência por permitir às empresas influir sobre as decisões dos clientes (ou fornecedores) de seus concorrentes[319].

Seguindo o mesmo entendimento, FORGIONI defende que os acordos verticais se colocam como alternativas aos processos de concentração de empresas, permitindo que cada uma das empresas mantenha sua autonomia e sua esfera de poder, mas com a potencialidade de causar os mesmos danos que derivam da concentração nos mercados envolvidos, especialmente no caso de acordos de longo prazo[320].

Essa preocupação parece ter orientado o legislador brasileiro que, ao renovar o Sistema Brasileiro de Defesa da Concorrência por meio da Lei nº 12.529/2011, incluiu os contratos associativos dentre os atos de concentração sujeitos ao controle prévio do CADE (Conselho Administrativo de Defesa Econômica), ao lado das operações de fusão, aquisição e incorporação – Art. 90, IV, da Lei nº 12.529/2011.

Em virtude dessa nova disposição legal, todo contrato associativo que envolva, de um lado, uma parte de cujo grupo tenha registrado, no último balanço, faturamento bruto anual ou volume de negócios total no País, no ano anterior à operação, equivalente ou superior a R$ 750.000.000,00 (setecentos e cinquenta milhões de reais) e, de outro lado, outra parte de cujo grupo tenha registrado, no último balanço, faturamento bruto anual ou volume de negócios total no País, no ano anterior à operação, equivalente ou superior a R$ 75.000.000,00 (setenta e cinco milhões de reais), estará necessariamente sujeito à apreciação prévia pelo CADE[321].

---

[319] SALOMÃO FILHO, Calixto. Sociedade cooperativa e disciplinada concorrência. *Revista de Direito Mercantil, Industrial, Econômico e Financeiro*, São Paulo, v. 32, nº 90, p. 27-37, abr./jun. 1993.
[320] FORGIONI, Paula A. *Os fundamentos do antitruste*. 7ª ed. São Paulo: Ed. Revista dos Tribunais, 2014, p. 357.
[321] Os valores citados são correspondentes aos estabelecidos no Art. 88 da Lei nº 12.529, de 30 de novembro de 2011, com as atualizações feitas pela Portaria Interministerial nº 994, de 30 de maio de 2012, em vigor na data da presente dissertação.

A não submissão do contrato ao controle prévio do órgão de controle sujeita o negócio à nulidade e as partes a multas pecuniárias de valor expressivo[322].

A Lei não se preocupou, no entanto, em estabelecer com detalhe como se definem os contratos associativos sujeitos à exigência legal. Essa matéria foi então regulada pelo próprio CADE, ao expedir a Resolução nº 10, de 29 de outubro de 2014. Essa norma estabelecia que, para os fins de notificação de que trata o Art. 90 da Lei nº 12.259/2011, consideram-se associativos quaisquer contratos com duração superior a 2 (dois) anos em que houver cooperação horizontal ou vertical ou compartilhamento de risco que acarretem, entre as partes contratantes, relação de interdependência.

A citada Resolução, no entanto, foi revogada pela Resolução nº 17, de 18 de outubro de 2016, que dispensou da apreciação pelo CADE os contratos de integração vertical. Nesse sentido, revogando integralmente a normativa anterior, a nova resolução cadista previu que a notificação ao órgão de defesa da concorrência somente será obrigatória apenas para os contratos que estabeleçam empreendimento comum das partes, celebrados entre concorrentes de mercado, o

---

[322] Lei nº 12.529/2011. Art. 88. Serão submetidos ao Cade pelas partes envolvidas na operação os atos de concentração econômica em que, cumulativamente:
I – pelo menos um dos grupos envolvidos na operação tenha registrado, no último balanço, faturamento bruto anual ou volume de negócios total no País, no ano anterior à operação, equivalente ou superior a R$ 400.000.000,00 (quatrocentos milhões de reais); e
II – pelo menos um outro grupo envolvido na operação tenha registrado, no último balanço, faturamento bruto anual ou volume de negócios total no País, no ano anterior à operação, equivalente ou superior a R$ 30.000.000,00 (trinta milhões de reais).
(...)
§ 3º Os atos que se subsumirem ao disposto no caput deste artigo não podem ser consumados antes de apreciados, nos termos deste artigo e do procedimento previsto no Capítulo II do Título VI desta Lei, sob pena de nulidade, sendo ainda imposta multa pecuniária, de valor não inferior a R$ 60.000,00 (sessenta mil reais) nem superior a R$ 60.000.000,00 (sessenta milhões de reais), a ser aplicada nos termos da regulamentação, sem prejuízo da abertura de processo administrativo, nos termos do art. 69 desta Lei.

que exclui necessariamente os contratos associativos de integração vertical.

Em virtude dessas novas disposições, portanto, os contratos agroindustriais ficaram expressamente excluídos da apreciação dos órgãos de defesa da concorrência, não devendo mais ser notificados ao CADE, como parecia ser o caso sob a égide da revogada Resolução nº 10, de 2014. Do ponto de vista dogmático, no entanto, persiste a importância de se questionar os efeitos concorrenciais desses contratos.

Nesse sentido, MACDONALD e KORB chamam a atenção para o fato de que os produtores agrícolas utilizam-se de contratos agroindustriais para controlar riscos de preços, atenuar o fluxo de *commodities* no mercado, estabelecer incentivos para produzir produtos específicos em termos de variedade ou qualidade, bem como para reunir o capital de investimento necessário para atingir as escalas de produção desejáveis para cada tipo de produtos. Por outro lado, no entanto, os contratos agroindustriais podem também ampliar o poder de mercado de compradores de *commodities*, permitindo-lhes conduzir os preços dos produtos abaixo dos preços de equilíbrio em sistemas de livre concorrência[323]. Assim, é de se questionar os efeitos nocivos da dispensa desses contratos aos órgãos de defesa da concorrência para os mercados de produtos agropecuários e da organização da sua produção.

É verdade, por outro lado, que a análise do impacto dos contratos agroindustriais não pode ser considerada na vala comum dos demais contratos associativos. Para analisar esses contratos, é fundamental tomar em consideração a complexidade dos Sistemas Agroindustriais, atendendo-se, sobretudo, aos elementos agrários destes contratos que os diferenciam dos demais modelos de integração vertical. No caso, não somente os consumidores são vulneráveis aos mercados monopolistas, mas especialmente os produtores rurais inde-

---

[323] MACDONALD, James; KORB, Penni. Agricultural Contracting Update, EIB-35. *Economic Research Service*/USDA, 2005. Disponível em <http://www.ers.usda.gov/media/210639/eib35_1_.pdf≥. Acesso em 20.08.2016.

pendentes podem se tornar reféns de estruturas monopsônicas de processamento e comercialização, a impedir a realização de ganhos justos e compatíveis com os investimentos e os riscos das atividades agrárias.

Assim, os órgãos administrativos de defesa da concorrência que venham analisar os sistemas de integração agroindustriais devem preocupar-se não somente com os mercados relevantes dos produtos colocados no mercado, mas especialmente: a) os mercados de insumos, que são fornecidos pelos integradores aos produtores integrados; b) os mercados dos produtos agropecuários produzidos pelos produtores integrados, diretamente afetados pelos vínculos estabelecidos com o integrador, a quem são fornecidos com exclusividade e c) os mercados dos produtos acabados ou processados, vendidos pela agroindústria integradora.

Com respeito aos mercados de insumos, caberá aos órgãos de defesa da concorrência analisar, no âmbito do mercado relevante, as interferências da atuação do integrador sobre o mercado com vistas a dificultar ou expelir artificialmente a atividade dos produtores rurais que não participem do sistema de integração. É de se tomar em consideração que integradores podem restringir o acesso de empresas não aderentes ao sistema de integração a insumos essenciais à produção agropecuária, seja por meio do controle da propriedade ou posse dos fundos rústicos propícios à produção, seja por meio do controle ou detenção de tecnologias e cultivares, seja por meio de exercício de poder dominante sobre o preço dos insumos impondo um aumento nos custos dos concorrentes.

Relativamente ao mercado de matéria-prima, os sistemas de integração também são potencialmente nocivos ao livre mercado. Com efeito, é sobre os produtos agropecuários produzidos pelos produtores integrados que incidem essencialmente as cláusulas de exclusividade inerentes à maior parte dos contratos de integração agroindustrial. A análise das eventuais práticas abusivas de concorrência, nesse particular, devem considerar especialmente a especificidade dos mercados relevantes de cada produto agropecuário. Como ensina FORGIONI, sem a identificação do mercado relevante, é impossível determinar a existência de eventual domínio de mercado ou posição dominante[324]. No caso dos produtos agropecuários, esses mercados sofrem grandes alterações, seja na sua amplitude geográfica, seja na sua amplitude material, que influencia diretamente os sistemas de integração vertical e os seus efeitos concorrenciais.

Os sistemas de integração vertical na agricultura normalmente se justificam exatamente em função da necessidade de organizar o fluxo de oferta de produtos agropecuários com alta especificidade, seja locacional, com produção em distância economicamente viável em relação à agroindústria, seja qualitativa, com produção de matéria-prima correspondente à eficiência do processo produtivo e dos mercados consumidores das empresas integradoras. Os mercados relevantes dos produtos agropecuários, nesses casos, são reduzidos, quando não marcados por características monopsônicas, em que o produtor integrado depende exclusivamente da aquisição dos seus produtos por parte do integrador. O abuso do poder dominante, por conseguinte, não se dará necessariamente em relação ao mercado, protegido pela legislação antitruste, mas em relação ao próprio integrado, cuja relação de equilíbrio econômico deverá ser tutelada pelo direito privado.

Não se pode menosprezar, por fim, o efeito potencialmente anticoncorrencial dos contratos de integração nos mercados de produtos agroindustriais. Ao garantir certo controle sobre a produção dos fornecedores de matéria-prima, os contratos de integração agroindustriais podem criar barreiras à entrada de novos concorrentes e o aumento do custo para a competição em seus mercados. Torna-se, assim, aplicável a teoria do aumento dos custos dos rivais, pela qual a motivação da realização de acordos verticais é aumentar os custos dos concorrentes de forma a aumentar abusivamente o poder de mercado[325].

---

[324] FORGIONI, Paula A. *Os fundamentos do antitruste*. 7ª ed. São Paulo: Ed. Revista dos Tribunais, 2014, p. 214.
[325] FORGIONI, Paula A. *Os fundamentos do antitruste*. 7ª ed. São Paulo: Ed. Revista dos Tribunais, 2014, p. 372.

É também necessário contemporizar eventual prática abusiva de mercado, em restringir a matéria-prima de concorrentes, da situação de vantagem competitiva lícita denominada pela doutrina de "vantagem da primeira jogada"[326]. Dada a especificidade dos produtos agropecuários produzidos para processamento – que normalmente são objeto de contratos de integração – é evidentemente normal, e jamais poderia ser considerado concorrencialmente abusivo, que os primeiros produtores que se instalam em determinada região ou que iniciam o processamento de determinado produto produzido por meio de contratos de integração adquiram uma posição dominante de mercado. Ainda que haja um potencial prejuízo aos produtores integrados, com restrição do seu mercado, não se pode dizer que a conduta do pioneiro seja ilícita, mesmo que na prática torne inviável a instalação de outros concorrentes.

Em consulta à base de jurisprudência do CADE é possível verificar 166 precedentes referentes a atos e contratos associativos de que trata a Lei nº 12.529/2011[327]. Desses, apenas três casos são referentes a mercados agrícolas, sendo que nenhum desses três precedentes tratam de contratos de integração vertical. Todos os casos analisados pelo CADE envolvem, na realidade, contratos de investimento, *joint-ventures* ou outras formas de associação societária ou parassocietária. O paralelo para os contratos agroindustriais e sua relevância para o órgão antitruste é, por conseguinte, o tratamento dado aos contratos de fornecimento. Esses contratos já foram objeto de amplo debate na jurisprudência e na doutrina cadista[328]. Nesse sentido, é de cristalina

---

[326] Ibidem, p. 283.
[327] Pesquisa realizada pelo autor na base eletrônica de julgados do CADE em Agosto de 2016.
[328] Nesse sentido, veja-se PRADO FILHO, José Ignácio Ferraz de Almeida. Controle concorrencial preventivo de negócios jurídicos verticais: a experiência recente do cade no controle estrutural de contratos de fornecimento. *Revista do IBRAC – Direito da Concorrência, Consumo e Comércio Internacional*, v. 19, p. 223-270, jan.-jun./2011. DTR\2011\1838; e MAZZUCATO, Paolo Zupo. Da notificação de contratos de fornecimento e de distribuição ao sistema brasileiro de defesa da concorrência. *Revista do IBRAC – Direito da Concorrência, Consumo e Comércio Internacional*, v. 19, p. 173-221, jan.-jun./2011. DTR\2011\1835.

clareza do entendimento dominante no órgão antitruste a recapitulação feita pelo Conselheiro Arthur Badin para determinar a desnecessidade de notificação de contratos de fornecimento à luz da doutrina do CADE:

> A análise dos casos acima demonstra que contratos de fornecimento que (a) não impliquem transferência de direitos sobre ativos concorrencialmente relevantes, (b) não contenham cláusulas de exclusividade ou equivalentes de qualquer natureza capazes de restringir o direito de decisão sobre os ativos (produtos e serviços), (c) tenham prazo de vigência inferior a cinco anos (considerados eventuais prorrogações), (d) contemplem a possibilidade de rescisão imediata à parte requerente, (e) não representem a negociação de um volume de produtos superior ao percentual estabelecido no art. 54, § 3º, da Lei 8.884/1994, prescindem de notificação ao SBDC por não serem capazes de limitar ou prejudicar a livre concorrência ou deles resultar dominação de bens e serviços.[329]

Conforme PRADO FILHO, os dois primeiros requisitos acima se reportam à diferenciação entre operações de concentração econômica, de cooperação empresarial e negócios correntes sem nenhuma relevância antitruste. Os últimos três requisitos não encontram amparo legal ou jurisprudencial[330]. Assim, é possível inferir que a mudança na normativa do CADE promovida pela já comentada Resolução nº 17, de 18 de outubro de 2016, serviu para adequar as exigências legais a uma prática consolidada de não notificar e submeter os contratos associativos der integração vertical ao órgão de defesa da concorrência.

Essa é uma situação que não se repete necessariamente no estrangeiro. Nesse sentido, é de se destacar a preocupação das autorida-

---

[329] Cade, Ato de concentração 08012.000182/2010-71, j. 17.03.2010, Requerentes Monsanto do Brasil Ltda. e Iharabras S.A., rel. Conselheiro Arthur Sanchez Badin; voto do Conselheiro Arthur Badin, p. 9-10.

[330] PRADO FILHO, José Ignácio Ferraz de Almeida. Controle concorrencial preventivo de negócios jurídicos verticais: a experiência recente do cade no controle estrutural de contratos de fornecimento. *Revista do IBRAC – Direito da Concorrência, Consumo e Comércio Internacional*, v. 19, p. 223-270, jan.-jun./2011. DTR\2011\1838.

des antitruste norte-americanas com os contratos agroindustriais[331]. De acordo com relatório do Departamento de Justiça americano, há queixa constante dos agentes de mercado no tocante à disparidade do poder de barganha entre produtores e processadores. Essa disparidade é mencionada como sendo a principal causa de condições injustas de contratação impostas aos aderentes de sistemas de integração, aos quais os produtores têm poucas condições de resistir. As autoridades norte-americanas apontam, nesse sentido, a importância de impor aos mercados transparência dos preços de mercado, com informações públicas, precisas e atualizadas dos preços praticados. Segundo relatos dos agentes, a restrição dessas informações são grandes indutores de insegurança e abusos de poder de mercado[332].

As autoridades brasileiras têm muito a assimilar dessas experiências, especialmente quanto à importância de estabelecer ações antitruste focadas nos mercados agropecuários que possam ter em consideração não só os deletérios efeitos de fusões, aquisições e acordos horizontais, mas também os efeitos concorrenciais dos contratos e da falta de transparência entre produtores e processadores em determinados sistemas agroindustriais. Assim, ainda que possa ser exagerado submeter cada contrato de integração assinado por produtores rurais, seria bastante proveitoso ao equilíbrio dos mercados e à preservação das atividades agrárias que o CADE pudesse analisar, julgar e orientar as cláusulas e condições impostas por agroindústrias, *trading companies* e varejistas a produtores integrados aderentes aos seus sistemas de integração.

---

[331] Para os efeitos adversos dos contratos para a concorrência, veja-se MacDonald, James M. "Agricultural Contracting, Competition, and Antitrust." *American Journal of Agricultural Economics* 88, no. 5 (2006): 1244-250. http://www.jstor.org/stable/4123599. Acesso em 15 de outubro de 2016.

[332] U.S. MINISTRY OF JUSTICE. *Competition and Agriculture*: Voices from the Workshops on Agriculture and Antitrust Enforcement in our 21st Century Economy and Thoughts on the Way Forward. May, 2012. Disponível em <https://www.justice.gov/sites/default/files/atr/legacy/2012/05/16/283291.pdf>. Acesso em 15.10.2016.

Capítulo 5
Contratos Agroindustriais de Integração Vertical: Análise das Obrigações Estabelecidas na Lei Nº 13.288/2016 à Luz dos Elementos do Direito Agrário Atual

5.1. O conteúdo mínimo dos contratos agroindustriais

Os contratos de integração permaneceram como contratos atípicos em sentido estrito porque a Lei nº 13.288/2016 não estabeleceu um regulamento contratual, com direitos e obrigações a incidirem sobre as partes no âmbito do contrato. Com vistas a preservar os princípios que o legislador elegeu para prevalecerem nas relações de integração econômica, previram-se, entretanto, regras de conduta a serem observadas pelas partes na contratação, dentre as quais destacamos a determinação de um conteúdo mínimo a ser estabelecido pelas partes para a contratação de contratos agroindustriais de integração vertical.

O Art. 4º da Lei nº 13.288/16 estabelece que os contratos de integração, sob pena de nulidade, deverão ser escritos com clareza, precisão e ordem lógica, bem como dispor sobre as seguintes questões:

a) Características gerais do sistema de integração e exigências técnicas e legais para os contratantes;
b) Responsabilidades e obrigações do integrador e do produtor integrado no sistema de produção;
c) Parâmetros técnicos e econômicos indicados ou anuídos pelo integrador com base no estudo de viabilidade econômica e financeira do projeto;
d) Padrões de qualidade dos insumos fornecidos pelo integrador para a produção animal e dos produtos a serem entregues pelo integrado;

e) Fórmulas para o cálculo da eficiência da produção, com explicação detalhada dos parâmetros e da metodologia empregados na obtenção dos resultados;
f) Formas e prazos de distribuição dos resultados entre os contratantes;
g) Custos financeiros dos insumos fornecidos em adiantamento pelo integrador, não podendo ser superiores às taxas de juros captadas;
h) Condições para o acesso às áreas de produção por preposto ou empregado do integrador e às instalações industriais ou comerciais diretamente afetas ao objeto do contrato de integração pelo produtor integrado, seu preposto ou empregado;
i) Responsabilidades do integrador e do produtor integrado quanto ao recolhimento de tributos incidentes no sistema de integração;
j) Obrigações do integrador e do produtor integrado no cumprimento da legislação de defesa agropecuária e sanitária;
k) Obrigações do integrador e do produtor integrado no cumprimento da legislação ambiental;
l) Custos e extensão de sua cobertura, em caso de obrigatoriedade de contratação de seguro de produção e do empreendimento, devendo eventual subsídio sobre o prêmio concedido pelo poder público ser direcionado proporcionalmente a quem arcar com os custos;
m) Prazo para aviso prévio, respeitado o ciclo produtivo da atividade e o montante dos investimentos, no caso de rescisão unilateral e antecipada;
n) Instituição de Comissão de Acompanhamento, Desenvolvimento e Conciliação da Integração – CADEC;
o) Sanções para os casos de inadimplemento e rescisão unilateral do contrato de integração.

Essas são as cláusulas obrigatórias que todo contrato agroindustrial deve ter para adequadamente regulamentar a operação econômica de integração vertical entre produtores integrados e indústrias e empresas integradoras.

Embora sejam cláusulas obrigatórias, é importante distingui-las das cláusulas obrigatórias próprias dos contratos típicos, especialmente dos contratos agrários *strictu sensu*, de parceria e de arrendamento. Com efeito, ao passo que o Estatuto da Terra, ao tipificar os contratos agrários, *strictu sensu*, estabelece um regulamento contratual obrigatório a ser obedecidos pelas partes, a Lei nº 13.288/16 não fixa o regulamento contratual, ou seja, não disciplina os direitos e deveres a serem assumidos obrigatoriamente pelas partes do contrato que esta pretende regular. Quanto aos contratos agroindustriais, a Lei estabelece tão somente um esquema contratual mínimo, determinando quais matérias o contrato deve regular expressamente, mas o regulamento contratual continua sendo legado à autonomia das partes, como é próprio dos contratos atípicos.

As partes no contrato agroindustrial devem preservar os princípios elencados pelo legislador como essenciais às relações de integração vertical e que estão vinculados à função própria desses contratos, mas não se submetem a um regulamento contratual único, dirigido pelo legislador. Veja-se, por exemplo, que, atendendo ao disposto na Lei, as partes podem livremente fixar as responsabilidades e as obrigações que caberão a cada uma das partes, adaptando o contrato ao modelo de negócios que melhor se adequa à sua atividade empresarial. A silenciosa regulação desses contratos parece atender a um objetivo agrário específico, qual seja, permitir a cada contrato de integração se adaptar a qualquer tipo de integração vertical agroindustrial, sem prejudicar a especialidade de cada uma das atividades agrárias individualmente consideradas – agricultura anual, agricultura perene, pecuária, silvicultura, etc.

Vê-se, nesse caso, que a intenção do legislador não foi, com efeito, regular, minuciosamente o contrato, limitando a autonomia das partes e promovendo o que, quanto aos contratos agrários típicos, ficou reconhecido como dirigismo contratual. No caso, prevaleceu o interesse de garantir a transparência absoluta da divisão dos riscos e dos custos envolvidos na produção integrada, sem, no entanto, restringir a liberdade de organização das atividades econômicas das partes.

A Lei não pretendeu proteger o hipossuficiente, impondo à parte eventualmente dominante do contrato obrigações *ex lege*, mas impedir que a assimetria de informação normalmente existente entre integrador e integrado possa levar o produtor a subestimar os custos e os riscos envolvidos no contrato. A Lei não interfere no equilíbrio econômico que se estabelece livremente por acordo de vontades, mas impõe uma obrigação de transparência com a formalização detalhada do acordo.

De fato, o texto da Lei torna obrigatório que esses contratos sejam *escritos com clareza, precisão e ordem lógica*, impondo uma obrigação de forma escrita para o contrato, mas também outros elementos a afetar a sua validade, cuja não observância poderá ensejar a nulidade do contrato. A nulidade, nesse caso, corresponde à nulidade absoluta, nos termos do previsto no Art. 166, VI, do Código Civil[333]. Trata-se de uma espécie de penalidade a fulminar a validade jurídica do negócio que não tenha respeitado as imposições do legislador[334] e, por conseguinte, retira todos os efeitos do contrato, salvo excepcionalmente, impedindo que o contrato seja suscetível de confirmação pela autonomia das partes ou convalesça pelo decurso do tempo[335].

Trata-se de uma penalidade extrema, que deve ser vista, no entanto, *cum grano salis*. Os requisitos de validade estabelecidos pela Lei são, com efeito, de tal maneira vagos e imprecisos que a sua aplicação, se não estiver muito bem fundamentada, poderá ensejar insegurança jurídica e desincentivar o estabelecimento de sistemas de produção integrados, com sérios prejuízos à organização econômica do agronegócio.

Em sua célebre distinção entre os planos dos atos jurídicos, Pontes de Miranda esclareceu que a nulidade é um defeito do negócio

---

[333] Art. 166. É nulo o negócio jurídico quando: (...) VII – a lei taxativamente o declarar nulo, ou proibir-lhe a prática, sem cominar sanção.
[334] MELLO, Marcos Bernardes de. *Teoria do fato jurídico:* plano da validade. 11ª ed. São Paulo: Saraiva, 2011, p. 86.
[335] Ibidem, p. 267.

jurídico que afeta o plano da validade, sem negar a sua existência. Somente o negócio jurídico existente poderá ser válido (ou inválido – nulo ou anulável)[336]. Nesse sentido, distinguem-se os atos nulos e anuláveis não em vista da sua distinta natureza, mas de uma criação técnica que determina tratamentos diferentes, decorrentes de causas históricas, e que estão diretamente relacionadas aos efeitos e à possibilidade de convalidação desses atos ou prescrição da alegação de seus defeitos.

Segundo o jurista, a nulidade é reconhecível de pleno direito, por qualquer interessado e não pode ser convalidada, quer pela ação das partes (ratificação), quer por decurso de tempo (prescrição). A anulabilidade, por outro lado, depende de que o interessado provoque a decretação da invalidade do negócio no prazo competente para evitar a prescrição de suas alegações.[337] Na sua concepção, o conceito de negócio jurídico nulo é ligado ao de insanabilidade, de modo que somente em razão da realização de um negócio jurídico novo é que as partes poderão retomá-lo[338].

No caso dos contratos de integração, há obrigação de que sejam celebrados por escrito, estabelecendo com clareza as obrigações das partes que devem ser entendidas como normas de conduta destinadas a resolver as assimetrias, na forma apontada por ROPPO[339], conforme já evidenciado no Capítulo 4. Ainda que esteja expressamente prevista, portanto, a nulidade dos contratos não poderá jamais ser aplicada com máximo rigor, sob pena de impor os agentes dos mercados agroindustriais a uma verdadeira instabilidade jurídica, de incerteza quanto à validade dos contratos celebrados, a critério do juízo subjetivo de clareza dos instrumentos contratuais.

É de se trazer à colação, nesse sentido, as lições de SALARIS, que, ao analisar a amplitude da autonomia privada aplicável aos contra-

---

[336] PONTES DE MIRANDA, Francisco Cavalvanti. *Tratado de Direito Privado*. 3ª ed. Rio de Janeiro: Borsoi, 1970, p. 14, tomo IV.
[337] Ibidem, p. 30.
[338] PONTES DE MIRANDA, Francisco Cavalvanti. *Tratado de Direito Privado*. 3ª ed. Rio de Janeiro: Borsoi, 1970, p. 49, tomo IV.
[339] ROPPO, Vicenzo. *Il Contratto del Duemila*. 3ª ed. Torino: Gippichelli, 2011, p. 87.

tos agrários na legislação italiana, defende a aplicação aos contratos agrários dos princípios da teoria geral dos contratos, especialmente o princípio de conservação dos contratos. Segundo o autor, a grave consequência da nulidade certamente teria implicações ainda mais desastrosas às relações econômicas e sociais que a não observância dos requisitos legais. Sendo assim, ele defende que sejam declaradas nulas somente as cláusulas do *acordo in deroga*, com preservação da autonomia da vontade naquilo que não contrariar o espírito da lei[340].

Para que se possa atingir esse equilíbrio necessário para a preservação dos contratos, segundo SALARIS, o intérprete dos contratos agrários deve buscar um critério interpretativo objetivo construído sob as bases da atividade empresarial regular. Dessa forma, o intérprete deverá também buscar a adequação das normas à realidade em evolução, avaliando, caso a caso, se os atos que produzem efeitos jurídicos corresponderam a fins correlatos aos interesses tutelados pelo ordenamento[341].

No caso da Lei nº 13.288/16, a eventual nulidade do contrato agroindustrial não decorre da derrogação por contrato de norma cogente estabelecida no ordenamento jurídico. A deficiência do suporte fático a justificar a nulidade seria, em primeiro lugar, quando houvesse vício de forma, por não terem as partes contrato por escrito. Em segundo lugar, poderia a nulidade ser justificada em virtude de uma manifestação deficitária de vontade, seja porque as partes não conseguiram fixar cláusulas de forma suficientemente clara, precisa e com ordem lógica, seja porque as partes deixaram de regulamentar aspectos importantes dos sistemas de integração, expressamente previstos na previsão legal. Os requisitos de validade dos contratos agroindustriais de integração são, por conseguinte, de forma e de conteúdo das obrigações.

Quanto à forma, não há dúvidas: os contratos de integração só terão validade se forem escritos. Os acordos recíprocos verbais não

---

[340] SALARIS, Fernando. Problematiche dell'interpretazione dei contratti agrari. *Rivista di Diritto Agrario*, Milano, v. 74, nº 1, p. 52, genn./marz. 1995.
[341] Ibidem, p. 49.

podem ser oponíveis às contrapartes. Quanto ao conteúdo das obrigações, ao contrário, a aplicação da nulidade certamente demanda reflexão.

Veja-se, por exemplo, a primeira cláusula obrigatória, que determina que os contratos disponham sobre *as características gerais do sistema de integração e as exigências técnicas e legais para os contratantes*. Esse requisito impõe que os contratos não se limitem a regras prescritivas de direitos e obrigações, mas contextualizem as obrigações assumidas pelas partes mediante uma apresentação descritiva das características gerais do sistema de integração. Trata-se de um requisito que não necessariamente impede a fixação de responsabilidades entre as partes, mas certamente orienta a interpretação do contrato e torna mais evidentes as certezas das partes ao concordar com a contratação.

Apesar do comando legislativo expresso, não é razoável impor a nulidade ao contrato que não contenha essa apresentação descritiva do sistema de integração. Com efeito, em que pese a utilidade dessa descrição para a adequada aplicação do contrato, salvo no caso de deliberada fraude à Lei, as partes não podem ser prejudicadas pelo ordenamento jurídico, negando efeitos ao contrato expressamente estabelecido e que adequadamente preveja seus direitos e obrigações. A intenção do legislador, ao que parece, não foi limitar a utilização dos contratos de integração, pelo contrário, foi atender a uma necessidade de reduzir a amplitude de conflitos existentes nas cadeias agroindustriais decorrentes da falta de fixação de diversas dimensões contratuais.

A imposição da Lei deve ser, portanto, no sentido de impor às partes arcarem com os custos de transação normais de operações econômicas complexas e garantirem a formalização dos compromissos recíprocos existentes, fixando expressamente seus direitos e obrigações em contratos escritos[342]. O objetivo da Lei é evitar que, por conve-

---

[342] Thráin Eggertsson define a falta de completude dos contratos, normalmente decorrente dos altos custos de transação, são fontes comuns de disputas. (EGGERTSSON, Thráin. *Economic Behaviour and institutions*. Cambridge: Cambridge University Press, 1990. Disponível em <http://library.fa.ru/files/Eggertsson1.pdf>, p. 47. Acesso em 10.10.2016).

niência ou ignorância, as relações de integração se deem por contratos incompletos, que não fixem adequadamente todo o regulamento contratual que o legislador entende pertinente a esse tipo de relação econômica. Assim, somente deverá ser negada a validade dos contratos incompletos se a incompletude, quanto aos requisitos estabelecidos no Art. 4º da Lei nº 13.288/16, de fato atingir parte substancial do contrato ou tiver sido deliberada, com a finalidade de ocultar ou ludibriar qualquer uma das partes contratantes.

Veja-se, como um segundo exemplo, o requisito do Art. 4º, IV, da Lei, que estabelece que esses contratos devem dispor expressamente quanto aos "padrões de qualidade dos insumos fornecidos pelo integrador para a produção animal e dos produtos a serem entregues pelo integrado". Admitido como pressuposto a comunhão de esforços para atingir as exigências do mercado consumidor, é normal e satisfatório que os contratos de integração estabeleçam expressamente a qualidade dos insumos a serem fornecidos pelo integrador e dos produtos que devem ser entregues pelo produtor integrado. O silêncio quanto aos padrões de qualidade, no entanto, admitidos os princípios gerais dos contratos, deve submeter as partes aos padrões normais de qualidade, impedindo que qualquer uma das partes faça exigências excepcionais. Não seria adequado, por conseguinte, que a falta dessa definição fulminasse integralmente a validade do contrato, tornando-o nulo, a ponto de perder validade jurídica, ainda mais se for possível às partes compreenderem as suas obrigações adequadamente, à vista dos usos e costumes e das demais regras de integração dos contratos.

A nulidade, nesse caso, parece atingir a um objetivo político, de demonstrar a imperatividade das obrigações definidas como necessárias pelo legislador, como norma de conduta das partes contratantes, mas não parece ser uma penalidade razoável em todas as ocasiões. Deve prevalecer a atenção do intérprete quanto aos princípios da conservação dos contratos, evitando-se a nulidade supérflua, que não gera prejuízos às partes ou a terceiros. Nesse sentido é o alerta de AZEVEDO, para quem tanto o legislador quanto o intérprete devem procurar conservar, em qualquer um dos três planos (existência, validade e eficácia), o máximo possível do negócio realizado pelo agente, procurando salvar tanto quanto possível num negócio jurídico concreto[343].

5.3. O Documento de Informação Pré-Contratual (DIPC) e o Relatório de de Informações de Produção Integrada (RIPI)

A Lei nº 13.288/2016 estabeleceu dois importantes instrumentos para garantir transparência nos contratos de integração vertical – o Documento de Informação Pré-contratual (DIPC) e o Relatório de Informações de Produção Integrada (RIPI) – e, em consequência, reduzir os efeitos da assimetria das partes tanto na fase pré-contratual, garantindo uma consciente manifestação de vontade em contratar, como na fase pós-contratual, garantindo uma equalização dos pressupostos de cumprimento do contrato.

Essas obrigações, de responsabilidade do integrador, também correspondem às normas de conduta acima mencionadas, à luz das lições de ROPPO, para os contratos assimétricos. Com efeito, trata-se de prestações que não integram diretamente o regulamento contratual, mas impactam a disciplina dos contratos por meio de responsabilidades adicionais ao adimplemento das obrigações contratuais. São, por conseguinte, regras estabelecidas por Lei que visam a garantir a eficiente alocação dos recursos nos contratos, exatamente por meio da redução (ou atenuação) das assimetrias de informação existentes entre integrador e integrado, buscando as condições para que os contratantes sejam informados e estejam conscientes para avaliar os prós e contras da contratação e identificar, em condições de transparente igualdade, o adimplemento, o inadimplemento e o mau cumprimento dos contratos e suas causas[344].

O Documento de Informação Pré-Contratual (DIPC) é previsto pelo Art. 9º da Lei nº 13.288/2016 como sendo um documento obri-

---

[343] AZEVEDO, Antonio Junqueira de. *Negócio jurídico*: existência, validade e eficácia. 4ª ed. São Paulo: Saraiva, 2002, p. 65.

[344] CIOMMO, Francesco Di. *Efficiencia allocativa e teoria giuridica del contratto*: Contributo allo studio dell'autonomia privata. Torino: Giappichelli, 2012, p. 21.

gatório a ser fornecido pelo integrador ao produtor interessado em aderir a um sistema de integração, prevendo antecipadamente as condições e as obrigações recíprocas estabelecidas pelas partes, detalhadamente. A presença desses instrumentos evidencia que os contratos de integração vertical são contratos de adesão, cujas cláusulas e condições são previamente estabelecidas pelo integrador, que atua como ator principal da cadeia de produção, organizando a participação de cada uma das empresas no Sistema Agroindustrial com vistas a atingir um mercado pré-determinado por sua estratégia empresarial.

A apresentação obrigatória desses documentos visa a suavizar a discrepância de posição e poder contratual das partes, tornando os tratos acordos expressos. Vislumbra-se, por meio desses instrumentos, reduzir a incerteza de cooptação de valor agregado na produção integrada pelo integrador e evidenciar o potencial de ganho do integrado em participar do sistema de produção integrado ao qual aderiu.

Por meio dos contratos de integração, integradores passam a disciplinar a organização da empresa do produtor, de modo a viabilizar a produção de matéria-prima e produtos adequados ao seu processo agroindustrial ou seus mercados específicos. Os contratos agroindustriais são, com efeito, contratos de empresa agrária pelos quais os produtores rurais decidem dispor da sua liberdade no gerenciamento da empresa agrária, assimilando a organização proposta pelo integrador com vistas à assimilação de ganhos indiretos decorrentes do acesso a mercados e agregação de valor promovidos pelas empresas integradoras. Essa é a finalidade comum que distingue esses contratos e que deverá ser assinalada expressamente pelas partes, para que se possa claramente compreendê-la como finalidade de contratar.

O "Documento de Informação Pré-Contratual – DIPC" deverá ser disponibilizado por todas as agroindústrias ou empresas equiparadas que desejarem contratar, com produtores independentes, contratos de integração. Nesse documento deverão ser apresentadas todas as informações respectivas ao modelo de integração proposto, ou seja, a descrição do sistema de produção integrada e das atividades a serem desempenhadas pelo produtor integrado; os requisitos sanitários e ambientais e riscos econômicos inerentes à atividade; a estimativa dos investimentos em instalações zootécnicas ou áreas de cultivo e dos custos fixos e variáveis do produtor integrado na produção; a obrigação ou não do produtor integrado de adquirir ou contratar, apenas do integrador ou de fornecedores indicados formalmente pelo integrador, quaisquer bens, serviços ou insumos necessários à operação ou à administração de suas instalações zootécnicas ou áreas de cultivo; a relação do que será oferecido ao produtor integrado no que se refere a: suprimento de insumos; assistência técnica e supervisão da adoção das tecnologias de produção recomendadas ou exigidas pelo integrador; treinamento do produtor integrado, de seus prepostos ou empregados, especificando duração, conteúdo e custos; projeto técnico do empreendimento e termos do contrato de integração; a estimativa de remuneração do produtor integrado por ciclo de criação de animais ou safra agrícola; as alternativas de financiamento por instituição financeira ou pelo integrador e garantias do integrador para o cumprimento do contrato durante o período do financiamento; os parâmetros técnicos e econômicos para uso no estudo de viabilidade econômico-financeira do projeto de financiamento do empreendimento; o caráter e grau de exclusividade da relação entre o produtor integrado e o integrador, se for o caso; os tributos e seguros incidentes na atividade e a responsabilidade das partes, segundo a legislação pertinente; as responsabilidades ambientais das partes e as responsabilidades sanitárias das partes, segundo legislação e normas infralegais específicas (Art. 9º da Lei nº 13.288/2016).

A abrangência das informações pré-contratuais que devem ser disponibilizadas pelo integrador ao integrado denotam que o objetivo da Lei foi coibir o abuso de poder contratual e garantir a redução da assimetria de informações de modo que sejam previamente apresentadas pelo integrador todas as premissas técnicas e econômicas do modelo empresarial estabelecido pela agroindústria ao produtor a ela vinculado. Vislumbra-se, desse modo, não só garantir o pleno exercício da liberdade de contratar, mas também vinculando a contratação a ser realizada às premissas negociais consideradas por ambas as partes ao decidir contratar.

As cláusulas contratuais devem estar diretamente relacionadas com os termos do DIPC e prever os parâmetros técnicos e econômicos indicados ou anuídos pelo integrador com base no estudo de viabilidade econômica e financeira do projeto; os padrões de qualidade dos insumos fornecidos pelo integrador para a produção animal e dos produtos a serem entregues pelo integrado; as fórmulas para o cálculo da eficiência da produção, com explicação detalhada dos parâmetros e da metodologia empregados na obtenção dos resultados; as formas e os prazos de distribuição dos resultados entre os contratantes. Também devem ser previamente estabelecidas, no contrato escrito a ser celebrado entre as partes, as condições para o acesso às áreas de produção por preposto ou empregado do integrador e às instalações industriais ou comerciais diretamente afetas ao objeto do contrato de integração pelo produtor integrado, seu preposto ou empregado; as responsabilidades do integrador e do produtor integrado quanto ao recolhimento de tributos incidentes no sistema de integração; as obrigações do integrador e do produtor integrado no cumprimento da legislação de defesa agropecuária e sanitária; as obrigações do integrador e do produtor integrado no cumprimento da legislação ambiental; os custos e a extensão de sua cobertura, em caso de obrigatoriedade de contratação de seguro de produção e do empreendimento, devendo eventual subsídio sobre o prêmio concedido pelo poder público ser direcionado proporcionalmente a quem arcar com os custos; o prazo para aviso prévio pactuado pelas partes, no caso de rescisão unilateral e antecipada do contrato de integração, que deve levar em consideração o ciclo produtivo da atividade e o montante dos investimentos realizados, e as sanções para os casos de inadimplemento e rescisão unilateral do contrato de integração.

A obrigatoriedade de transparência é também determinada pela obrigatoriedade de apresentação pelo integrador, ao fim de cada ciclo produtivo do produtor integrado, do Relatório de Informações da Produção Integrada – RIPI, previsto no Art. 7º da Lei nº 13.288/2016, que deverá ser elaborado mediante a consolidação das informações sobre os insumos fornecidos pelo integrador, os indicadores técnicos da produção integrada, as quantidades produzidas, os índices de produtividade, os preços usados nos cálculos dos resultados financeiros e os valores pagos aos produtores integrados relativos ao contrato de integração.

O RIPI deverá ser consolidado até a data do acerto financeiro entre integrador e produtor integrado, sendo fornecido ao integrado e, quando solicitado, a terceiros, mediante autorização escrita do produtor integrado. É facultado ao produtor integrado, individualmente ou por intermédio de sua entidade representativa, mediante autorização escrita, solicitar ao integrador esclarecimentos ou informações adicionais sobre o RIPI, os quais deverão ser fornecidos sem custos e no prazo máximo de até quinze dias após a solicitação.

A importância do RIPI é também reduzir a assimetria de informação, gerando ao produtor integrado uma base segura de conferência dos valores que lhe são pagos pelos produtos entregues ao integrador. Trata-se, além disso, de um instrumento para a avaliação do cumprimento dos pressupostos do sistema de integração. O RIPI poderá também servir para que as partes possam rever as obrigações assumidas pelas partes, alterando as bases dos compromissos anteriores, especialmente para adequação dos índices de produtividade e rentabilidade do sistema de integração.

5.4. As CADECs e os FONIAGROs: controle corporativo dos contratos de integração vertical

Outra inovação da Lei nº 13.288/16 foi criar uma estrutura corporativa para a gestão e definição das cláusulas gerais para os contratos agroindustriais. Essa é a função dos Fóruns Nacionais de Integração (FONIAGRO) e das Comissões para Acompanhamento, Desenvolvimento e Conciliação da Integração (CADEC's) (Art. 1º).

Os FONIAGROs são fóruns públicos, que deverão ser criados por regulamento, para cada um dos setores ou cadeias produtivas que pratiquem integração vertical. Esses fóruns também serão de composição paritária, composto pelas entidades representativas dos produtores integrados e dos integradores. Trata-se de entidade que funcionaria sem personalidade jurídica, com a atribuição de definir diretrizes para o acompanhamento e desenvolvimento do sistema de integração e de promover o fortalecimento das relações entre o produtor integrado e o integrador (Art. 5º da Lei nº 13.288/2016).

As CADECs, diferentemente, são fóruns privados, cuja instituição deverá obrigatoriamente constar dos contratos de integração (Art. 4º, XV). Essas câmaras deverão ser constituídas para cada unidade de cada um dos integradores, com representação paritária de integradores e integrados ou suas respectivas entidades representativas, conforme determinado nos respectivos contratos de integração. Espera-se que esses fóruns sejam estabelecidos entre os representantes das empresas integradoras e as associações de fornecedores integrados de cada um de suas unidades.

O legislador estabeleceu que esses órgãos colegiados deveriam ser responsáveis pela realização de atividades que distinguimos em três categorias. Em primeiro lugar, atividades de natureza meramente informativa, cujas ações visam contribuir com as partes, mas não geram consequências na sua esfera jurídica, a saber: a) elaborar estudos e análises econômicas, sociais, tecnológicas, ambientais e dos aspectos jurídicos das cadeias produtivas e seus segmentos e do contrato de integração (Art. 6º, §4º, I); b) definir o intervalo de tempo e os requisitos técnicos e financeiros a serem empregados para atualização dos indicadores de desempenho das linhagens de animais e das cultivares de plantas utilizadas nas fórmulas de cálculo da eficiência de criação ou de cultivo (Art. 6º, §4º, V); c) formular um plano de modernização tecnológica da integração (Art. 6º, §4º, VI).

Em segundo lugar, atividades de apoio ao cumprimento do contrato, cujas ações visam colaborar com as partes no intuito de executar o pactuado, promovendo, inclusive, quando necessário, a solução de conflitos por meio de mediação. Destacamos, nesse sentido, as funções de: a) acompanhar e avaliar o atendimento dos padrões mínimos de qualidade exigidos para os insumos recebidos pelos produtores integrados e para os produtos fornecidos ao integrador (Art. 6º, §4º, II); b) Estabelecer sistema de acompanhamento e avaliação do cumprimento dos encargos e obrigações contratuais pelos contratantes (Art. 6º, §4º, III) e c) Dirimir questões e solucionar, mediante acordo, litígios entre os produtores integrados e a integradora (Art. 6º, §4º, IV).

Convém destacar que as CADECs não possuem, como pode parecer em primeira análise, um poder normativo autônomo, nem mesmo poder de polícia para atuar como órgão de fiscalização dos contratos. A sua legitimação não decorre da prescrição legal, mas das atribuições que, no âmbito deste quadro legal, lhe forem atribuídas pelos contratos. Embora as atribuições das CADECs estejam preliminarmente estabelecidas na Lei, prevalecerá, quanto à competência desses órgãos, aquilo que estiver expressamente previsto no contrato quanto às atribuições das Câmaras e o limite de sua atribuição.

Nesse sentido, é de se destacar que a atuação das CADECs, ao formular análises e melhorias para os sistemas de integração, não possui eficácia vinculante ou normativa, quer aos integrados, quer aos integradores. Os resultados desses estudos, que na realidade são incentivados pelo legislador sem obrigação para que se concluam, podem ou não ser adotados e podem ou não ser incorporados aos contratos, mediante aditivos contratuais. No mesmo sentido, a atuação das CADECs no acompanhamento contratual deverá ser sempre imparcial. Não compete à CADEC ou aos seus integrantes promover a execução forçada dos contratos ou mesmo aplicar qualquer penalidade às partes pelo seu descumprimento. A sua atuação deve limitar-se à função de auxiliar as partes no cumprimento do contrato e estimular a identificar ou desenvolver soluções consensuais para qualquer controvérsia[345].

---

[345] Convém, nesse sentido, trazer à colação à definição da atividade de mediação, conforme o § único do Art. 1º da Lei nº 13.140/2015, nos seguintes termos: "Considera-se mediação a atividade técnica exercida por terceiro imparcial sem poder decisório que, escolhido ou aceito pelas partes, auxilia-as e estimula a identificar ou desenvolver soluções consensuais para a controvérsia."

5.5. A solução de controvérsias entre integradores e integrados

A Lei nº 13.288/2016 estabeleceu duas regras importantes para a solução de controvérsias que se instalarem entre as partes de um contrato de integração agroindustrial. Em primeiro lugar, estabeleceu que a CADEC (Comissão de Acompanhamento, Desenvolvimento e Conciliação da Integração), instituída no contrato de integração, seria o foro para as partes recorrerem para dirimir conflitos e interpretar cláusulas (Arts. 4º, XV e 6º, §4º, IV). Em segundo lugar, estabeleceu regra de competência do juízo estatal, fixando que cabe ao Juízo do foro do lugar onde se situa o empreendimento do produtor julgar as ações fundadas no contrato de integração (Art. 4º, § unº).

Essas duas regras remetem a diversos questionamentos sobre as formas adequadas de solução de controvérsias nos contratos agroindustriais de integração. A função atribuída às CADECs, com efeito, corresponde ao que se espera dos chamados *"dispute boards"*. Já a definição do foro se assemelha à regra do Código de Defesa do Consumidor, que limita a liberdade das partes, e, especialmente, a discricionariedade do fornecedor em estabelecer cláusula de eleição de foro, com vedação expressa da estipulação de cláusula compromissória arbitral.

A arbitragem deveria ser o modo preferencial de solução das controvérsias emergentes dos contratos agroindustriais. Nesse sentido é a lição de Wald, para quem a arbitragem é o modo preferido de solução de litígios decorrentes de contratos evolutivos, dinâmicos ou relacionais, que, *a posteriori*, podem ser considerados incompletos, por não terem previsto todas as circunstâncias futuras suscetíveis de afetar os interesses das partes. Segundo o autor, as soluções das divergências decorrentes desses contratos devem ser rápidas, sob pena de se tornarem inócuas e injustas[346]. Esse é exatamente o caso dos contratos agroindustriais, já qualificados anteriormente como contratos associativos e relacionais, com as mesmas características

---

[346] Wald, Arnoldo. A arbitragem contratual e os dispute boards. *Revista de Arbitragem e Mediação*, v. 6, p. 09-24, jul.-set./2005. DTR\2005\394.

que justificam a opção pelos métodos alternativos de solução de controvérsias, especialmente a arbitragem e a mediação.

Nesse sentido, destaca-se ainda que a arbitragem é especialmente mais adequada para tratar de contratos atípicos e complexos, como é o caso dos contratos agroindustriais, em que não há um regulamento legal estabelecido, pelo que caberá ao árbitro compreender com mais especificidade os interesses relevantes definidos pelas partes na contratação e a finalidade econômico-social do contrato. Pela sua especificidade, de pouca valia serão os entendimentos da jurisprudência estatal e de muita importância será a especialidade e atenção dedicada dos árbitros.

A possibilidade de arbitragem dos conflitos por um árbitro particular ao invés de um juiz estatal corresponde, no âmbito do sistema processual, à primazia da autonomia contratual. WALD relaciona a arbitragem ao preceito estabelecido pelo Art. 485 do Código Civil, que permite às partes delegar a terceiro o preço no contrato de compra e venda. Conforme destaca o jurista, sempre que não haja norma de ordem pública em sentido contrário, as partes poderão delegar a terceiro a competência para fixar qualquer um dos elementos do contrato[347].

WALD defende que, no direito brasileiro, há distinção entre a arbitragem e o arbitramento. O arbitramento, a cargo do arbitrador, corresponde àquela regra civil da estipulação do preço por terceiro e tem uma acepção mais técnica, de mera peritagem. A arbitragem, outro lado, corresponde à função jurisdicional privada, no sentido estabelecido pela Lei nº 9.307/1996 e pela lei processual[348]. Da simbiose entre as duas atividades, técnica e jurisdicional, WALD aponta o surgimento dos "*Dispute Adjudication Board*", conjugando a função do perito com poderes mais ou menos amplos típicos de jurisdição. Segundo o autor,

---

[347] Idem.
[348] WALD, Arnoldo. A arbitragem contratual e os dispute boards. *Revista de Arbitragem e Mediação*, v. 6, p. 09-24, jul.-set./2005. DTR\2005\394.

Os *disputes boards* (DB) são os painéis, comitês, ou conselhos para a solução de litígios cujos membros são nomeados por ocasião da celebração do contrato e que acompanham a sua execução até o fim, podendo, conforme o caso, fazer recomendações (no caso *dos Dispute Review Boards – DRB) ou tomar decisões (Dispute* Adjudication Boards – DAB) ou até tendo ambas as funções (*Combined Dispute Boards* – CDB), conforme o caso, e dependendo dos poderes que lhes foram outorgados pelas partes.[349]

Para WALD, a grande vantagem desses organismos é que são constituídos por especialistas, que vão participar do andamento do negócio, desde o início até o fim, conhecendo todos os problemas que surjam no curso da execução dos contratos. Assim, convocados em qualquer momento, podem examinar rapidamente as divergências existentes, com independência e neutralidade, dando a solução que mais interessa para o cumprimento do contrato, sem prejuízo de posteriores acertos de contas, que poderão ser objeto de negociação ou arbitragem[350].

Conforme esclarece VAZ, é essencial que o *"Dispute Board"* se forme a partir de uma junta de profissionais capacitados e imparciais. Com efeito, cabe a esse grupo fazer recomendações e/ou proferir decisões em face de disputas que são a ele submetidas ao longo da execução do contrato. Segundo o autor, há diferentes modelos desses fóruns, os quais se diferenciam em função da obrigatoriedade de suas manifestações. Nesse sentido, as recomendações podem ser: a) obrigatórias desde a emissão; b) obrigatórias depois de escoado determinado prazo; c) meramente orientativas – não obrigatórias[351].
Os *"dispute boards"* não apenas evitam litígios entre as partes, como também constituem um mecanismo eficaz e eficiente de resolução de

---

[349] Idem.
[350] Idem.
[351] VAZ, Gilberto José. Breves considerações sobre os dispute boards no direito brasileiro. *Revista de Arbitragem e Mediação*, v. 10, p. 165-171, jul.-set./2006.

disputas, diminuindo significativamente os casos que são submetidos à arbitragem ou ao Poder Judiciário[352].

Os *"dispute boards"* são mecanismos complementares à arbitragem, pois, apesar de terem grande eficácia para eliminar a maior parte dos conflitos surgidos no dia a dia do cumprimento do contrato, é normal que os contratos que estabeleçam os *dispute boards* prevejam também a arbitragem para que se possa ter uma nova análise das decisões do *board*, se uma das partes estiver insatisfeita com a decisão ou recomendação, sobretudo em questões mais complexas[353]. WALD esclarece que os *dispute boards* não excluem a função jurisdicional do árbitro ou do juízo estatal. Segundo o autor, a função de um *"dispute board"* se situa entre a perícia e a arbitragem, uma vez que o painel profere uma decisão ou recomendação que não tem, necessariamente, caráter vinculante às partes. Essa função é definida pelo contrato, de acordo com os limites aplicáveis da liberdade contratual[354].

Mediante o atento exame das disposições da Lei nº 13.288/2016, é possível estabelecer que as atribuições das CADECs são muito semelhantes ao que se espera dos *"dispute boards"*. Com efeito, esses órgãos são estabelecidos pelas partes, conforme o que estiver expresso nos contratos de integração, devem ser compostos paritariamente por especialistas nomeados pelos produtores e pelos integradores, e sua função é exatamente acompanhar o cumprimento do contrato e dirimir os conflitos que venham emergir entre os contratantes, inclusive no tocante à interpretação de cláusulas contratuais.

Ainda que a Lei nº 13.288/16 tenha estabelecido essa competência quase jurisdicional às CADECs, é verdade também que houve expressa remissão da Lei à Justiça estatal no tocante à resolução de conflitos emergentes aos contratos agroindustriais. Nesse sentido, o parágrafo único do Art. 4º da Lei nº 13.288/16, estabelece que: "O

---

[352] WALD, Arnoldo. Dispute Resolution Boards: Evolução Recente. *Revista de Arbitragem e Mediação*, v. 30, p. 139-151, jul.-set./2011.
[353] Idem.
[354] Idem.

fórum[355] do lugar onde se situa o empreendimento do produtor integrado é competente para ações fundadas no contrato de integração, devendo ser indicado no contrato".

A inspiração para esse dispositivo claramente foi a regra do Código de Defesa do Consumidor, que estabelece, para o consumidor, quando entender que lhe for mais favorável, propor a ação em seu próprio domicílio, independentemente de qual seja o domicílio do réu ou a localidade do estabelecimento do fornecedor (Art. 101[356]). Segundo BARBOSA MOREIRA, trata-se de inversão da regra geral de definição da competência territorial, cujo objetivo é proteger o consumidor das dificuldades normais de se travar uma disputa judicial longe do seu domicílio, sendo obrigado a arcar com custos adicionais do contencioso[357].

O mesmo raciocínio pode se aplicar também aos contratos de integração, evitando que a parte débil da contratação seja obrigada a se deslocar até o foro de domicílio do integrador no caso de pretender instaurar um litígio. Nesse caso, ainda, adiciona-se outra vantagem: a proximidade ao lugar onde se realiza a atividade agrária pode facilitar a compreensão do sistema integrado pelo juízo, seja pela maior proximidade do juízo dos usos e costumes que envolvem a relação

---

[355] O correto, aqui, evidentemente seria dizer "foro", já que fórum remete ao prédio, não aos limites geográficos da competência territorial do juízo do lugar do empreendimento.

[356] Lei nº 8.078/1990. Art. 101. Na ação de responsabilidade civil do fornecedor de produtos e serviços, sem prejuízo do disposto nos Capítulos I e II deste título, serão observadas as seguintes normas:
I – a ação pode ser proposta no domicílio do autor;
II – o réu que houver contratado seguro de responsabilidade poderá chamar ao processo o segurador, vedada a integração do contraditório pelo Instituto de Resseguros do Brasil. Nesta hipótese, a sentença que julgar procedente o pedido condenará o réu nos termos do art. 80 do Código de Processo Civil. Se o réu houver sido declarado falido, o síndico será intimado a informar a existência de seguro de responsabilidade, facultando-se, em caso afirmativo, o ajuizamento de ação de indenização diretamente contra o segurador, vedada a denunciação da lide ao Instituto de Resseguros do Brasil e dispensado o litisconsórcio obrigatório com este.

[357] MOREIRA, Carlos Roberto Barbosa. A defesa do consumidor em juízo. *Revista de Processo*, São Paulo, v. 16, nº 61, p. 178-186, jan./mar. 1991.

agroindustrial, seja pela maior familiaridade do juízo com a atividade agrária e sua relação com o ciclo agrobiológico e, ainda, pela maior facilidade de produção de provas, especialmente as provas periciais e a inspeção judicial, que se realizam no próprio estabelecimento agrário do produtor integrado.

A fixação do foro judicial para os contratos agroindustriais, no entanto, não impede que os contratantes celebrem convenção de arbitragem, seja para outorgar às CADECs funções jurisdicionais, seja para estabelecer o juízo arbitral como último foro de resolução de controvérsias. Com efeito, diferentemente do que ocorre com os contratos celebrados em relações de consumo, os contratos agroindustriais são contratos de empresa, direcionados à obtenção de lucro. Assim, ainda que sejam contratos celebrados por adesão, não lhe é aplicável a vedação à cláusula compromissória prevista pelo Código de Defesa do Consumidor (Art. 51, VII).

Conforme JUNQUEIRA DE AZEVEDO, a cláusula compromissória era também nula em contratos de adesão realizados entre não--consumidores, colocados em posição de desigualdade econômica, mas passou a ser permitida a partir da Lei nº 9.307/1996, que passou a estabelecer regra específica aos demais contratos de adesão, não celebrados no âmbito da relação de consumo (Art. 4º, §2º). Por essa regra, a cláusula compromissória terá eficácia, nos contratos de adesão, se o aderente demonstrar a sua concordância inequívoca com a arbitragem, seja por meio da iniciativa de instituir a arbitragem, seja pela manifestação de concordância expressa em documento anexo, ou ainda pela assinatura em separado, especialmente para a cláusula compromissória escrita em negrito, destacada do corpo do contrato[358].

Esse entendimento foi assimilado e hoje é predominante na jurisprudência dos tribunais brasileiros, que vêm admitindo as cláusulas compromissórias de arbitragem nos contratos de adesão, mesmo nos contratos de consumidor. Nesse sentido, vejam-se os comentários de

---

[358] AZEVEDO, Antonio Junqueira de. A arbitragem e o direito do consumidor. *Revista de Direito do Consumidor*, São Paulo, nº 23-24, p. 33-40, jul./dez. 1997.

FERREIRA ao paradigmático precedente do Superior Tribunal de Justiça nos autos do Recurso Especial nº 1.169.841. Conforme esclarece o autor, o Tribunal se preocupou em proteger o consumidor e, ao mesmo tempo, garantir a validade das cláusulas de arbitragem insertas no contrato de adesão, conquanto se observem os requisitos da Lei de Arbitragem, quais sejam:

> (a) que o próprio aderente opte por instaurar a arbitragem; (b) tenha anuído por escrito e de forma específica com a sua estipulação ou (c) que a cláusula esteja devidamente negritada no contrato com o de acordo do aderente quanto à sua estipulação.[359]

Nos termos do estabelecido por COSTA, a limitada ou escassa oportunidade do aderente em discutir ou modificar substancialmente o conteúdo das cláusulas contratuais deve ser levada em consideração pelo intérprete de modo a promover o reequilíbrio do poder contratual das partes. Segundo o autor, deve-se permitir ao aderente, se quiser, desvincular-se da arbitragem no primeiro momento em que for instado a se manifestar perante o juízo arbitral. Esse pressuposto justifica a regra contida na lei de arbitragem para os contratos de adesão, segundo a qual a cláusula compromissória só terá eficácia se o aderente tomar a iniciativa de instituir a arbitragem ou concordar expressamente com a sua instituição de modo destacado e especialmente para essa cláusula[360].

Essas mesmas condições parecem ser aplicáveis aos contratos agroindustriais que, como dito acima, são normalmente celebrados por adesão e contemplam uma estrutura legal e uma função econômica que corroboram, se não exigem, a utilização de métodos alternativos de soluções de controvérsias.

---

[359] FERREIRA, Marcus Vinicius Vita Ferreira. Da validade da convenção arbitral em contratos de adesão decorrentes de relação de consumo e a recente jurisprudência do STJ. *Revista de Arbitragem e Mediação*, v. 37, p. 503–515, abr.-jun./2013. DTR\2013\3672.
[360] COSTA, Nilton César Antunes da. A convenção de arbitragem no contrato de adesão. *Revista de Arbitragem e Mediação*, São Paulo, v. 3, nº 8, p. 119-141, jan./mar. 2006.

5.6. A responsabilidade do integrador pelas infrações ambientais de descumprimento da função social da propriedade pelo integrado

A responsabilidade ambiental das empresas agrárias é uma das matérias que, na atualidade, geram grandes debates na doutrina e na jurisprudência. De fato, a dependência do ciclo agrobiológico torna a atividade agrária dependente também do meio ambiente natural, sob o qual age o empresário agrário, conduzindo as forças naturais para o seu objetivo econômico e empresarial. A atividade agrária é, com efeito, uma atividade de condução da natureza e, por conseguinte, potencialmente danosa ao meio ambiente. É fundamental, portanto, que o empresário agrário tome as precauções necessárias para evitar que a sua atividade não coloque em risco o meio ambiente equilibrado, atendendo aos controles estabelecidos pelo Poder Público, nos termos do Art. 225, V, da Constituição Federal[361]. Também é fundamental que o empresário agrário se responsabilize pelos eventuais danos que a sua atividade

---

[361] Art. 225. Todos têm direito ao meio ambiente ecologicamente equilibrado, bem de uso comum do povo e essencial à sadia qualidade de vida, impondo-se ao Poder Público e à coletividade o dever de defendê-lo e preservá-lo para as presentes e futuras gerações.

§ 1º Para assegurar a efetividade desse direito, incumbe ao Poder Público:

I – preservar e restaurar os processos ecológicos essenciais e prover o manejo ecológico das espécies e ecossistemas;

II – preservar a diversidade e a integridade do patrimônio genético do País e fiscalizar as entidades dedicadas à pesquisa e manipulação de material genético;

III – definir, em todas as unidades da Federação, espaços territoriais e seus componentes a serem especialmente protegidos, sendo a alteração e a supressão permitidas somente através de lei, vedada qualquer utilização que comprometa a integridade dos atributos que justifiquem sua proteção;

IV – exigir, na forma da lei, para instalação de obra ou atividade potencialmente causadora de significativa degradação do meio ambiente, estudo prévio de impacto ambiental, a que se dará publicidade;

V – controlar a produção, a comercialização e o emprego de técnicas, métodos e substâncias que comportem risco para a vida, a qualidade de vida e o meio ambiente;

VI – promover a educação ambiental em todos os níveis de ensino e a conscientização pública para a preservação do meio ambiente;

VII – proteger a fauna e a flora, vedadas, na forma da lei, as práticas que coloquem em risco sua função ecológica, provoquem a extinção de espécies ou submetam os animais a crueldade.

causar ao meio ambiente, sofrendo as sanções penais e administrativas aplicáveis, independentemente da obrigação de reparação.

Existem três dimensões dos limites ambientais das atividades agrárias. Em primeiro lugar, a limitação espacial, que define, especialmente no âmbito do imóvel rural ou fundo rústico, onde poderão ser instaladas as atividades agropecuárias. Essas limitações são estabelecidas especialmente pelo Código Florestal (Lei nº 12.651/2012), que define espaços protegidos, como as áreas de preservação permanente e de reserva legal, onde não é possível a realização de qualquer atividade agrária, salvo no caso de áreas rurais consolidadas[362].

Em segundo lugar, há uma limitação de método, correspondente à exigência legal de se adotarem boas práticas agrícolas. Essa limitação visa garantir que a atividade agrária cause o mínimo dano possível

§ 2º Aquele que explorar recursos minerais fica obrigado a recuperar o meio ambiente degradado, de acordo com solução técnica exigida pelo órgão público competente, na forma da lei.

§ 3º As condutas e atividades consideradas lesivas ao meio ambiente sujeitarão os infratores, pessoas físicas ou jurídicas, a sanções penais e administrativas, independentemente da obrigação de reparar os danos causados.

§ 4º A Floresta Amazônica brasileira, a Mata Atlântica, a Serra do Mar, o Pantanal Mato-Grossense e a Zona Costeira são patrimônio nacional, e sua utilização far-se-á, na forma da lei, dentro de condições que assegurem a preservação do meio ambiente, inclusive quanto ao uso dos recursos naturais.

§ 5º São indisponíveis as terras devolutas ou arrecadadas pelos Estados, por ações discriminatórias, necessárias à proteção dos ecossistemas naturais.

§ 6º As usinas que operem com reator nuclear deverão ter sua localização definida em lei federal, sem o que não poderão ser instaladas.

[362] A Lei nº 12.651/2012 (Código Florestal) estabeleceu normas sobre a proteção da vegetação, áreas de Preservação Permanente e as áreas de Reserva Legal, seguindo em grandes linhas a Lei nº 4.771/1965 (Código Florestal revogado), contemplando, entretanto, algumas exceções às regras de proteção, especialmente para a preservação do uso produtivo das denominadas "áreas rurais consolidadas", assim definidas áreas de imóvel rural com ocupação antrópica preexistente a 22 de julho de 2008, com edificações, benfeitorias ou atividades agrossilvipastoris e que, sob determinadas condições, expressamente estabelecidas nos Arts. 61-A e seguintes da Lei, podem continuar em parte sendo exploradas com atividades agrossilvipastoris, de ecoturismo e de turismo rural, dispensada a recomposição da vegetação nativa nessa parte.

ao meio ambiente, evitando erosões, contaminações e outros eventos decorrentes da má utilização dos recursos naturais pelo empresário agrário.

Por último, a atividade agrária pode sofrer limitação com relação à necessidade de autorização administrativa para o seu exercício. Essa autorização, exigível quando prevista em Lei, decorre do procedimento de licenciamento ambiental, só exigido para aquelas atividades que são potencialmente causadoras de significativa degradação do meio ambiente[363].

A inobservância dessas limitações no exercício da atividade agrária configura ilícito administrativo e penal. Em paralelo, há que se considerar o âmbito da reparação por dano ambiental. Essa modalidade específica da responsabilidade civil implica o dever de reparar o dano, especialmente por meio da obrigação de não fazer (impedir que o dano se perpetue no tempo) e de fazer (realizar as obras necessárias para a restauração dos processos ecológicos afetados pela atividade agrária). Devem ser reparados os danos ambientais efetivos e relevantes. A reparação, ao mesmo tempo, deve ser proporcional e possível, sob pena de implicar punição indevida à atividade ou, tanto pior, punição cumulativa e exagerada de uma conduta já punida nas esferas sancionatórias próprias.

No âmbito dos contratos agroindustriais, no entanto, não compete a discussão sobre os critérios de definição do dano ou da quantificação da indenização. Esses contratos devem ser efetivos na alocação de

---

[363] As atividades sujeitas ao licenciamento ambiental são atualmente definidas de acordo com o potencial poluidor conforme a tabela do Anexo I da Lei nº 6.938/1981. Dentre as atividades agrárias principais, somente a silvicultura é reconhecida como de significativo impacto ambiental, classificada como "grau médio" de potencial poluidor. As demais atividades agrárias, em princípio, salvo legislação específica, estão dispensadas de licenciamento. Nos últimos anos tem havido pressão da sociedade para que as demais atividades agrárias também passem a se sujeitar ao licenciamento prévio ambiental, com criação de diversas legislações estaduais e municipais, nesse sentido, a Deliberação Normativa COPAM nº 130, de 14 de Janeiro de 2009, que estabeleceu, no Estado de Minas Gerais, a obrigatoriedade de licenciamento ambiental para diversas atividades agrossilvipastoris, classificadas em função de seu potencial poluidor e do porte do empreendimento.

riscos e, portanto, em definir a quem caberá, no âmbito dos sistemas de integração, a responsabilidade pelos eventuais danos ambientais decorrentes da atividade agrária do produtor integrado. Nesse sentido, é de se ter em consideração que a responsabilidade ambiental pode envolver uma pluralidade de sujeitos passivos na sua dinâmica própria de atribuição de responsabilidade, conforme noção ampla de nexo de causalidade entre ação ou omissão do agente e dano ambiental.

O preceito que vem sendo admitido na doutrina e na jurisprudência é de que a responsabilidade por danos ao meio ambiente submete-se a uma ótica própria, cujo objetivo de preservação do meio ambiente subverte a responsabilidade à presunção de dever das pessoas ligadas direta ou indiretamente ao dano. Nesse sentido, LEMOS defende a adoção da teoria do escopo da norma jurídica violada e o reconhecimento do direito ecologicamente equilibrado como direito fundamental do homem e enseja a configuração do nexo de causalidade para a responsabilidade civil por danos ambientais. Segundo a autora, a obrigação de reparar os danos causados é consequência jurídica da norma e a averiguação do nexo de causalidade se faz a partir da determinação do fim da norma. Esse pensamento justifica que o proprietário de um imóvel rural sempre será responsável pelo dano ambiental ocorrido em sua propriedade porque o interesse da preservação do meio ambiente é maior que a preservação do seu patrimônio pessoal, determinando assim o nexo causal como um elemento jurídico, não fático[364].

Essa compreensão da responsabilidade pelos danos ambientais é contraditória à noção de que o empreendedor é quem deve ser responsável pela obra ou pelo empreendimento que executa, devendo indenizar os danos causados pelo seu descumprimento das limitações concernentes à sua empresa. A responsabilidade ambiental, nos termos da teoria citada acima, implica obrigação de indenizar que nem sempre tem relação direta com a conduta causadora do dano.

---

[364] LEMOS, Patrícia Faga Iglesias. *Meio Ambiente e responsabilidade do proprietário:* análise do nexo causal. São Paulo: Ed. Revista dos Tribunais, 2008, p. 162.

O dever de indenizar não corresponde, segundo essa concepção, à ação ou omissão do agente, nem se limita à sua esfera de atuação.

Para BENJAMIN, o direito ambiental não aceita sequer os excludentes de responsabilidade civil, sendo possível a condenação das partes responsáveis no dever de indenizar ainda que o dano seja decorrente de fato de terceiro, de caso fortuito ou de força maior, cabendo-se, no máximo, o direito de regresso de uma parte à outra[365].

Mantidos os pressupostos acima, todas as partes direta ou indiretamente relacionadas com o dano ambiental, seja a relação fática ou jurídica, se tornam solidariamente responsáveis, independentemente de culpa ou de nexo de causalidade fático necessário. Nesse sentido, é emblemático o entendimento admitido pelo Superior Tribunal de Justiça, a partir de voto do Ministro Antonio Herman Benjamin nos seguintes termos:

> Para o fim de apuração do nexo de causalidade no dano ambiental, equiparam-se quem faz, quem não faz quando deveria fazer, quem deixa fazer, quem não se importa que façam, quem financia para que façam, e quem se beneficia quando outros fazem. Constatado o nexo causal entre a ação e a omissão das recorrentes com o dano ambiental em questão, surge, objetivamente, o dever de promover a recuperação da área afetada e indenizar eventuais danos remanescentes, na forma do art. 14, § 1º, da Lei 6.938/81.[366]

A decisão acima transcrita é amplamente citada como paradigma. O entendimento induz, no entanto, a uma situação que pode levar os sistemas de governança dos sistemas agroindustriais a uma situação caótica. Com efeito, de acordo com os critérios acima, qualquer pessoa passa a ser responsável pelo dano ambiental, colocando em risco qualquer equilíbrio alocativo das estruturas empresariais. Numa situação em que nem mesmo a regularidade absoluta da atividade empresarial e a legalidade do uso dos recursos naturais exime a

---

[365] BENJAMIN, Antonio Herman. Responsabilidade Civil pelo dano ambiental. *Revista de Direito Ambiental*, São Paulo: RT, nº 9, p. 41, jan./mar. 1998.
[366] Superior Tribunal de Justiça. REsp 650.728/SC, Rel. Ministro HERMAN BENJAMIN, SEGUNDA TURMA, julgado em 23/10/2007, DJe 02/12/2009.

empresa da responsabilidade por eventuais danos ambientais[367], instala-se uma insuperável insegurança jurídica a prejudicar qualquer sistema econômico.

A realidade supramencionada aflige de maneira especial os sistemas agroindustriais. A amplitude e a rigidez das regras de responsabilidade impedem que os contratos agrários sejam suficientes para definir responsabilidades para arcar com os custos e os riscos das atividades. Nesse sentido, é de se destacar que a responsabilidade ambiental pode se encontrar totalmente dissociada do poder de controle e de destinação dos meios de produção e ser um fator de grave instabilidade dos arranjos econômicos, tornando insustentável a organização estabelecida pelo contrato.

Veja-se, por exemplo, o caso dos contratos agrários que transferem a posse do fundo rústico a uma empresa agrária não proprietária, como ocorre nos contratos de arrendamento. O poder de destinação dos imóveis rurais e, por conseguinte, o controle, a vigilância e a responsabilidade da sua exploração são exclusivamente do arrendatário, que assume sozinho todos os riscos e os lucros da atividade agrária. Admitidos os pressupostos acima, as regras de responsabilidade ambiental podem ser tornar contraditórias ao equilíbrio econômico do contrato, pois mantém os proprietários responsáveis pelos eventos decorrentes das atividades ocorridas no fundo rústico sobre as quais não possuem qualquer controle, poder de vigilância ou capacidade de interação, seja para contribuir, seja para evitar a causação de danos.

Essa realidade ainda é mais agravada nos casos de contratos que têm, na sua finalidade própria, a organização da atividade empresarial, como é o caso dos contratos agroindustriais. Com efeito, ao se buscar, na responsabilização pelos danos ambientais, a solidariedade entre os agentes econômicos que se beneficiam direta ou indiretamente da atividade agrária, o equilíbrio contratual poderá ser absolu-

---

[367] Nesse sentido, veja-se LEMOS, Patrícia Faga Iglesias. *Direito ambiental:* responsabilidade civil e proteção ao meio ambiente. 2ª ed. São Paulo: Ed. Revista dos Tribunais, 2008, p. 142.

tamente afetado. Com efeito, em qualquer contrato organizacional, o benefício econômico das partes não é equidistante senão na medida entre os ônus estabelecidos pelas partes. Assim, a sobreposição do interesse ambiental à divisão de atribuições e responsabilidades estabelecida no contrato pode se tornar altamente prejudicial às partes e à sustentabilidade econômica do SAG.

A Lei nº 13.288/2016 buscou estabelecer, para os contratos de integração vertical, regras expressas para evitar esses abusos e compatibilizar a função alocativa desses contratos com as regras de responsabilidade por danos ambientais. Nesse sentido, a Lei previu expressamente que, nas relações de integração, cabe tanto ao produtor integrado como à integradora atender às exigências da legislação ambiental para o empreendimento ou atividade desenvolvida. Ambas as partes devem cooperar para planejar e implementar medidas de prevenção dos potenciais impactos ambientais negativos e mitigar e recuperar os danos ambientais (Art. 10º).

Assim, embora não haja confusão patrimonial, nem mesmo solidariedade na titularidade do estabelecimento agrário, a responsabilidade pela observância dos limites aplicáveis ao desenvolvimento da atividade agrária é compartilhada entre as partes, nos seguintes termos:

> Art. 11. Compete ao produtor integrado e ao integrador, concorrentemente, zelar pelo cumprimento da legislação sanitária e planejar medidas de prevenção e controle de pragas e doenças, conforme regulamento estabelecido pelos órgãos competentes.

A Lei, por outro lado, é expressa em limitar a responsabilidade ambiental à efetiva atuação das partes no cumprimento do contrato. Nesse sentido, estabelece que a responsabilidade ambiental entre integrado e integrador deixa de ser concorrente quando o produtor integrado adotar conduta contrária ou diversa às recomendações técnicas fornecidas pelo integrador ou estabelecidas no contrato de integração (§2º do Art. 10).

Essa regra restabelece a necessidade de nexo causal fático entre o dano ambiental e a ação ou omissão do integrador quantos aos cuidados ambientais da atividade do produtor integrado, implementando um reequilíbrio da alocação de riscos ambientais conforme a participação de cada uma das partes na execução do contrato. De fato, o produtor, como titular do estabelecimento agrário, deve se responsabilizar pelos danos que a sua atividade causar, só cabendo a responsabilidade do integrador por fato do integrado quando o dano decorrer da sua má orientação.

O integrador, com efeito, assumindo posição de dominância e de coordenação do sistema de integração, deve ter o ônus de definir e supervisionar a produção e as tecnologias empregadas pelo produtor integrado. Deverá, assim, cuidar para que a atividade do produtor se instale em cumprimento às suas determinações, fornecendo os projetos técnicos de acordo com a legislação aplicável e fornecendo subsídios e auxílio no planejamento de medidas de prevenção, controle e mitigação dos potenciais impactos ambientais negativos que podem decorrer da atividade.

O descumprimento do contrato de integração, especialmente no tocante às determinações de interesse ambiental, entretanto, deve ser imputado apenas à parte inadimplente, não podendo a parte inocente, que sempre agiu conforme o estabelecido, sofrer as consequências e responsabilizar-se pelos danos causados pela contraparte que não atendeu ao previsto no contrato.

5.7. A responsabilidade do integrador pelo cumprimento da legislação trabalhista e a problemática da terceirização

A responsabilidade pelo pagamento das verbas salariais e previdenciárias do trabalhador é outro ponto constante de conflito entre a alocação contratual de riscos e responsabilidades entre empresários. Em homenagem ao princípio da realidade, vigente no direito do trabalho, os tribunais brasileiros aplicam regras de extensão das responsabilidades trabalhistas a terceiros que, embora não tenham participado da contratação do empregado, aparentam-se como beneficiários da sua força de trabalho. Esse preceito impõe a responsabilidade trabalhista a clientes, fornecedores e parceiros, que possuem com a empresa agrária relação meramente comercial ou associativa indistintamente, com sérios prejuízos ao pressuposto dos contratos agroindustriais.

Veja-se, nesse sentido, a título de exemplo, o decidido pelo Tribunal Superior do Trabalho nos autos do AIRR nº 1673-07.2012.5.02.0461, em que se estendeu à agroindústria a responsabilidade pelas verbas trabalhistas do empregado do seu fornecedor em virtude do fornecimento com exclusividade de sua produção àquela empresa, conforme a seguinte ementa:

> AGRAVO DE INSTRUMENTO. RECURSO DE REVISTA. TOMADOR DE SERVIÇOS. TERCEIRIZAÇÃO. RESPONSABILIDADE SUBSIDIÁRIA. APLICAÇÃO DA SÚMULA 331, IV E VI, DO TST. No caso em exame, restou consignado nas premissas do Acórdão que a quase totalidade da produção da primeira ré era destinada aos produtos da segunda ré, sendo, assim, incontroverso o fato de que a última se beneficiou dos serviços prestados pela reclamante. Logo, diante da contratação de empregado por empresa prestadora de serviços, atribui-se a responsabilidade subsidiária ao tomador em caso de inadimplemento das obrigações trabalhistas por parte do real empregador, devendo arcar com as verbas decorrentes da condenação, conforme prevê a Súmula 331, em seus incisos IV e VI. Portanto, a decisão recorrida está em perfeita conformidade com jurisprudência pacífica desta Corte, o que afasta a alegação de existência de divergência jurisprudencial. Aplicação do óbice previsto no art. 896, §4º, da CLT. Agravo de instrumento não provido.[368]

Esse tipo de decisão, evidentemente, contraria o pressuposto de livre organização da atividade empresarial e dos sistemas agroindustriais pelas empresas agrárias, pois torna ineficaz a alocação de riscos estabelecidos por contrato e impossível a correta avaliação de retorno pelos empresários agrários.

De fato, diversos contratos de organização empresarial podem ser confundidos com contratos laborais. MARTINS, nesse sentido, faz um paralelo entre os contratos de franquia e os contratos de traba-

---

[368] Tribunal Superior do Trabalho. AIRR – 1673-07.2012.5.02.0461, Relator Desembargador Convocado: Américo Bedê Freire, Data de Julgamento: 24/06/2015, 6ª Turma, Data de Publicação: DEJT 26/06/2015.

lho, cujas semelhanças podem ter consequências no âmbito da responsabilidade trabalhista. Segundo define o autor, o objeto da franquia é a comercialização, com assistência técnica e eventualmente financeira para venda dos produtos, mercadorias, ou da prestação de serviços. Nesse sentido, o *franchising* seria uma forma de terceirizar serviços, ou procurar distribuir a comercialização ou serviços do franqueador por intermédio de uma terceira pessoa. O autor aponta que esses contratos possuem muitos pontos em comum com os contratos de trabalho, mas que se distinguem especialmente em função da autonomia das partes e no grau de subordinação entre franqueador e franqueado. A responsabilidade pelas verbas trabalhistas do empregado dependerá, por conseguinte, de dois elementos: o poder de direção do empregador e a subordinação. Para o jurista, a fixação do preço e a estimativa de lucros em relação às mercadorias vendidas, determinado pela franqueadora, pode evidenciar a ocorrência de uma relação de emprego. Com efeito, se o grau de subordinação da franqueada à franqueadora for acentuado, não tendo aquela qualquer autonomia na realização dos seus negócios, tem-se caracterizado um contrato de trabalho e não de franquia, principalmente se a primeira for pessoa física[369].

As mesmas observações acima parecem ser aplicáveis aos contratos agroindústrias que, com efeito, possuem muitas semelhanças com os contratos de *franchising*. Nesse sentido, são igualmente contratos mistos, que combinam elementos de fornecimento, assistência técnica, financiamento e comercialização, e nos quais se verifica uma parte preponderante à outra, a quem compete determinar diretrizes à outra, influenciando a sua organização empresarial com vistas ao atendimento de um mercado consumidor único.

Nos contratos agroindustriais é notável a posição dominante da agroindústria, que fornece os insumos e coordena a atividade dos produtores integrados, mediando a sua relação com o mercado consumidor. Essa situação, portanto, também abre caminho para que os

---

[369] MARTINS, Sergio Pinto. O franchising como forma de terceirização. *Revista de Direito do Trabalho*, São Paulo, v. 25, nº 95, p. 33-42, jul./set. 1996.

contratos agroindustriais sejam confundidos como contratos de trabalho, em que a agroindústria utiliza-se da força de trabalho dos produtores para atender os seus interesses empresariais, como se os produtores não tivessem uma empresa própria, independente.

Essa situação é agravada pelo preceito estabelecido na Súmula nº 331 do Tribunal Superior do Trabalho[370], que veda a contratação de uma empresa por outra para a realização de atividades-fim. Segundo o tribunal trabalhista, as empresas só poderão contratar outras para a realização de atividades-meio, ou seja, que não estão vinculadas ao seu objeto social, sob pena de praticar a terceirização de serviços ou

---

[370] Tribunal Superior do Trabalho. Súmula nº 331. CONTRATO DE PRESTAÇÃO DE SERVIÇOS. LEGALIDADE.
I – A contratação de trabalhadores por empresa interposta é ilegal, formando-se o vínculo diretamente com o tomador dos serviços, salvo no caso de trabalho temporário (Lei nº 6.019, de 03.01.1974).
II – A contratação irregular de trabalhador, mediante empresa interposta, não gera vínculo de emprego com os órgãos da Administração Pública direta, indireta ou fundacional (art. 37, II, da CF/1988).
III – Não forma vínculo de emprego com o tomador a contratação de serviços de vigilância (Lei nº 7.102, de 20.06.1983) e de conservação e limpeza, bem como a de serviços especializados ligados à atividade-meio do tomador, desde que inexistente a pessoalidade e a subordinação direta.
IV – O inadimplemento das obrigações trabalhistas, por parte do empregador, implica a responsabilidade subsidiária do tomador dos serviços quanto àquelas obrigações, desde que haja participado da relação processual e conste também do título executivo judicial.
V – Os entes integrantes da Administração Pública direta e indireta respondem subsidiariamente, nas mesmas condições do item IV, caso evidenciada a sua conduta culposa no cumprimento das obrigações da Lei nº 8.666, de 21.06.1993, especialmente na fiscalização do cumprimento das obrigações contratuais e legais da prestadora de serviço como empregadora. A aludida responsabilidade não decorre de mero inadimplemento das obrigações trabalhistas assumidas pela empresa regularmente contratada.
VI – A responsabilidade subsidiária do tomador de serviços abrange todas as verbas decorrentes da condenação referentes ao período da prestação laboral.

atividades como forma de contratação de trabalhadores por interposta pessoa, uma prática considerada ilegal[371].

Como explica LEITE, a terceirização é uma prática adotada pela empresa que contrata outra empresa que, possuindo pessoal próprio, passará a prestar aqueles serviços que seriam realizados normalmente pelos seus empregados. A finalidade é econômica, ou seja, a otimização dos recursos com vistas à diminuição dos custos e aumento da competitividade e da lucratividade dos negócios. Esclarece o autor, no entanto, que os tribunais brasileiros continuam adotando a postura fixada na Súmula nº 331, no sentido de que a terceirização seja uma prática ilegal. E, mesmo que não se trate de terceirização ilegal, o tomador de serviços será sempre subsidiariamente responsável pelas obrigações trabalhistas dos empregados da empresa contratada[372].

Com base nesse entendimento, diversos sistemas agroindustriais já sofreram intervenções, com sério prejuízo aos sistemas de governança estabelecidos pelos agentes econômicos por meio de contratos agroindustriais. O exemplo mais evidente e dramático é o caso das agroindústrias de suco de laranja, para as quais ficou proibida a terceirização do plantio e colheita dos pomares. Segundo os tribunais trabalhistas, a colheita dos frutos agrícolas era atividade-fim das agroindústrias, não podendo ser realizada quer por empresas especializadas, quer por produtores rurais independentes. Veja-se, nesse sentido, o acórdão proferido no RR – 700894-15.2000.5.15.5555, representativo dessa jurisprudência, assim ementado:

> RECURSO DE REVISTA. COOPERATIVA. TERCEIRIZAÇÃO DE MÃO-DE-OBRA. COLHEITA DE LARANJAS. DIVERGÊNCIA JURISPRUDENCIAL. TESE DIVERGENTE SUPERADA PELA ITERATIVA, NOTÓRIA E ATUAL JURISPRUDÊNCIA DO TST. Não se admite o recurso de revista calcado em divergência jurisprudencial quando a tese divergente retratada no aresto paradigma encontra-se superada pela iterativa, notória e atual juris-

---

[371] LEITE, Carlos Henrique Bezerra. A terceirização e o papel do Ministério Público do Trabalho. *Revista de Direito do Trabalho*, São Paulo, v. 27, nº 103, p. 27-43, jul./set. 2001.
[372] Idem.

prudência do TST, segundo a qual a colheita de laranjas qualifica-se como atividade-fim da sociedade empresária que atua no ramo de industrialização e exportação do suco extraído da referida fruta. Incidência do óbice do artigo 896, parágrafo 4º, da CLT. Recurso de revista não conhecido.[373]

O precedente retrocitado desconsidera integralmente a realidade dos sistemas agroindustriais. O rigor excessivo da legislação trabalhista, em prol de uma pretensa proteção dos trabalhadores, impede a adoção de formas não verticalizadas de governança do sistema agroindustrial, colocando em cheque tanto as estruturas de mercado como as formas híbridas de fornecimento de matéria-prima, especialmente os contratos agroindustriais, que preservam a situação de produtores independentes, que se realizam como empresas agrárias autônomas, ainda que vinculadas a agroindustriais pelos contratos agroindustriais.

A Lei nº 13.288/2016 definiu expressamente que a relação jurídica estabelecida entre o produtor integrado e a empresa empregadora não configura prestação de serviço ou relação de emprego entre integrador e integrado, seus prepostos ou empregados (Art. 3º, §3º). Quis o legislador, evidentemente, impedir que a interpretação desconfigurasse a natureza dos contratos de integração vertical, tratando-os como se fossem contratos típicos de outra natureza.

O reconhecimento da autonomia funcional dos contratos agroindustriais em relação a esses outros contratos típicos reforça, com efeito, a autonomia das partes em firmar contratos e organizar a atividade empresarial, evitando situações como as mencionadas acima, nas quais o contrato agroindustrial é desconsiderado e a relação das partes considerada fraudulenta.

---

[373] Tribunal Superior do Trabalho. RR – 700894-15.2000.5.15.5555, Relator Juiz Convocado: Altino Pedrozo dos Santos, Data de Julgamento: 02/03/2005, 1ª Turma, Data de Publicação: DJ 01/04/2005.

Considerações finais

Os contratos agroindustriais representam, de forma singular, a essência do agronegócio moderno, sendo o instrumento jurídico do estabelecimento de uma rede complexa de relações jurídicas entre empresas agrárias, empresas comerciais e empresas industriais (agroindustriais). Por meio desses contratos, as empresas agrárias se inserem na dinâmica econômica se conectando, em um sistema aberto, de redes, com diversas outras empresas que realizam atividades essenciais e complementares, em continuação das cadeias produtivas dos produtos agropecuários. Esses contratos cumprem um duplo papel: determinar a coordenação das atividades empresárias das diferentes empresas e permitir a agregação de valor aos produtos agropecuários e sua colocação em mercados, não raro por meio do estabelecimento de cadeias globais de fornecimento e consumo.

A diversidade dos contratos agroindustriais impede a sua regulamentação legal, sendo essencial que a autonomia das partes prevaleça para que esses contratos exerçam adequadamente a sua função econômica e social. A organização das atividades empresariais e o estabelecimento de formas integradas de produção depende de equilíbrios econômicos específicos, não passíveis de serem estabelecidos *ex ante* pelo legislador. Esses contratos devem, portanto, permanecer atípicos, com liberdade para as partes estabelecerem os pressupostos de sua integração vertical.

Se, por um lado, a atipicidade dos contratos agroindustriais permite a realização da autonomia empresarial, essencial ao desenvolvimento dos sistemas agroindustriais, por outro lado, ela transfere ao intérprete dos contratos agroindustriais uma maior discricionariedade. Para preservar a sua finalidade, portanto, é fundamental reconhecer que os contratos agroindustriais são um modelo contratual autônomo, diferente de modelos contratuais típicos e sujeitos a um regulamento contratual próprio, adequado à sua finalidade social e aos equilíbrios econômico e alocativo estabelecidos pelas partes.

A Lei nº 13.288/2016 parece ter contribuído com esse intento, reconhecendo a autonomia dos contratos agroindustriais como contratos de integração econômica entre empresas agrárias e industriais ou comerciais. A legislação, por conseguinte, manteve a liberdade das partes em estabelecer o regulamento contratual, estabelecendo apenas diretrizes e princípios a serem preservados pelas partes na contratação. Além disso, criou instrumentos para garantir a e ciência alocativa desses contratos e o equilíbrio entre as partes em situação contratual discrepante, com dominância de uma sobre a outra, especialmente sob a forma de cláusulas e documentos obrigatórios, que possibilitam um ambiente de transparência entre as partes. Essa transparência e equilíbrio entre os contratantes é também objeto de estruturas institucionais de governança e controle social da contratação e da execução desses contratos por meio de foros setoriais das cadeias agroindustriais.

Dessa forma, os contratos agroindustriais puderam continuar sendo interpretados e integrados ao ordenamento jurídico de forma adequada à sua finalidade econômica e social, atenta à sua função própria de coordenar atividades, alocar riscos econômicos e jurídicos, gerando, de um lado, cooperação entre as empresas contratantes e, de outro lado, a distribuição justa dos resultados decorrentes dessa conjugação de esforços.

As diretrizes da Lei correspondem a normas de conduta às partes contratantes de contratos agroindustriais que não envolvem a definição, pelo legislador, de equilíbrio contratual pré-estabelecido, rompendo com a prática de dirigismo estatal que ainda predomina na regulamentação dos contratos agrários típicos, de arrendamento e de parceria. Respeitou-se, por conseguinte, a autonomia da empresa agrária, preservando a sua livre organização sob os parâmetros da economicidade e profissionalidade, essenciais à realidade de empresa e ao direito agrário moderno.

A peculiaridade dos contratos agroindustriais em relação a outros contratos de integração entre empresas está na especialidade da atividade exercida por uma das partes – a empresa agrária. Ao pressupor que um dos contratantes exerce atividade agrária, verifica-se nesses contratos a dependência do cumprimento das suas prestações ao ciclo agrobiológico. Os contratos agroindustriais são, por conseguinte, contratos agrários pela sua vinculação com o fato técnico e o ciclo agrobiológico.

Essa interdependência determina a interpretação e integração desses contratos, cujo regulamento deverá adequar-se às particularidades, ao tempo e aos riscos trazidos pela natureza. Determina, também, a atualidade do direito agrário para lidar com as questões do agronegócio moderno. O direito agrário, com efeito, não implica a definição de normas próprias alheias à realidade empresarial, mas uma forma especial de compreender os institutos do direito privado, considerando a sua dependência e relação com o ciclo agrobiológico que define a agrariedade. Essa relação também se faz presente nas relações agroindustriais de forma determinante no conteúdo jurídico das relações estabelecidas pelas empresas do agronegócio.

No caso dos contratos agroindustriais, o jurista deve garantir o interesse social das partes em assegurar estabilidade nas relações de coordenação e suprimento dos mercados agropecuários. Essa função só poderá ser adequadamente superada à luz da atipicidade desses contratos, em absoluto respeito ao princípio da autonomia contratual.

Assim, os contratos agroindustriais devem ser elaborados, lidos e aplicados, com correspondência à sua função social própria, de organizar a atividade econômica, regulando a alocação de riscos entre empresas agrárias integradas e agroindústrias integradoras, prevalecendo os princípios de transparência, boa-fé, equilíbrio e respeito ao ciclo agrobiológico. Esse é o objetivo fundamental da Lei nº 13.288/16, que estabeleceu os preceitos das relações contratuais de integração, sem retirar a atipicidade dos contratos agroindustriais.

A agrariedade, por fim, continua sendo o elemento especial qualificador desses contratos, pois, não obstante a empresa agrária não seja o objeto destes contratos, como ocorre com os contratos agrários típicos, a integração vertical estabelecida entre os contratantes depende diretamente das variáveis inerentes ao ciclo agrobiológico, sendo impossível conhecer esses contratos fora dos preceitos próprios do direito agrário.

Agrariedade, função econômica e atipicidade mostram-se, dessa forma, elementos fundamentais ao conhecimento desses contratos, tão importantes para o agronegócio e fundamentais para o desenvolvimento da agropecuária contemporânea.

REFERÊNCIAS

ABRÃO, Carlos Henrique et al. A desvalia do novo Código Comercial. *O Estado de São Paulo.* Espaço Aberto. Edição de 10 de Junho de 2016. Disponível em <http://opiniao.estadao.com.br/noticias/geral,a-desvalia-do-novo-codigo-comercial,10000056353>. Acesso em 09.10.2016.

ALESSI, Rosalba; PISCIOTTA, Giuseppina. *L'impresa agrícola.* 2ª ed. Milano: Giuffrè Editore, 2010.

ALPA, Guido; BESSONE, Mário; ROPPO, Enzo. *Rischio Contrattuale e autonomia privata.* Napole: Jovene, 1982.

ASCARELLI, Tullio. Contrato misto, negócio indireto, "negotium mixtum cum donatione". *Revista dos Tribunais,* São Paulo: Revista dos Tribunais, vol. 952, p. 27, nov./2012.

AZEVEDO, Álvaro Villaça de. *Teoria Geral dos Contratos Típicos e Atípicos.* 3ª ed. São Paulo: Atlas, 2009.

AZEVEDO, Antonio Junqueira de. *Estudos e pareceres de Direito Privado.* São Paulo: Saraiva, 2004.

–. *Negócio jurídico*: existência, validade e eficácia. 4ª ed. São Paulo: Saraiva, 2002.

–. Parecer: Contrato atípico, complexo, com elementos de know-how, de gestão e de mandato com administração. Indenunciabilidade de contrato de duração determinada. Apuração de perdas e danos a partir da efetiva resilição, e não de anterior denúncia revogada por comportamento concludente do denunciante. In AZEVEDO, Antônio Junqueira de Azevedo. *Novos ensaios e pareceres de Direito Privado.* São Paulo: Saraiva: 2009.

–. A arbitragem e o direito do consumidor. *Revista de Direito do Consumidor,* São Paulo, nºs 23-24, p. 33-40, jul./dez. 1997.

BARCELLOS, Rodrigo. *O contrato de shopping center e os contratos atípicos interempresariais.* São Paulo: Atlas, 2009.

BAUSÍLIO, Giovani. *Contratti Atipici.* Milani: CEDAM, 2014.

BENJAMIN, Antonio Herman. Responsabilidade Civil pelo dano ambiental. *Revista de Direito Ambiental*, São Paulo: RT, nº 9, p. 05-52, jan./ /mar. 1998.

BETTI, Emilio. *Interpretacion de La ley y de lós actos jurídicos*. Tradução José Luiz de los Mozos. Madrid: Ed. Revista de Derecho Privado, 1971.

–. *Teoria Geral do Negócio Jurídico*. Tradução de Fernando de Miranda. Coimbra: Coimbra Editora, 1969. Tomo I.

BIANCHETTI, Alba Esther. Contratos para florestales em argentina. In _____. *Desafios do direito agrário contemporâneo*. Flávia Trentini (org). Ribeirão Preto: Altai, 2014.

BOBBIO, Norberto et. al. *Dicionário de Política*. Brasília: Editora da UnB, 2002. Vol. II.

BOBBIO, Norberto. *Teoria Geral da Política*: a filosofia política e a lição dos clássicos. Rio de Janeiro: Campus, 2000.

BRIZ, Jaime Santos Briz. *La contratacion privada*: sus problemas em el trafico moderno. Madrid: Montecorvo, 1966.

BUENO, Francisco de Godoy Bueno. Propriedade e emoresa rural: separação das funções a partir dos contratos agrários de arrendamento e de parceria. *Revista Forense*, Rio de Janeiro: Malheiros, v. 105, nº 404, p. 169-187, jul./ago. 2009.

BURANELLO, Renato. A autonomia do direito do agronegócio. *Revista de Direito Mercantil, Industrial, Econômico e Financeiro*, São Paulo, v. 46, nº 145, p. 185-93, jan./mar. 2007.

CAMPBELL, David. Ian Macneil and the relational theory. In _____. *The relational theory of Contract*: Selected works of Ian Macneil. Thomson Reuters: London, 2001.

CARROZZA, Antonio. Consideraciones sobre la tipificación del contrato agroindustrial. In: CARROZZA, Antonio; ZELEDÓN, Ricardo Zeledón. *Teoría general e institutos de derecho agrario*. Buenos Aires: Astrea, 1990.

–. La Noción de derecho Agrario, en Jornadas Ítalo-Españolas de Derecho Agrario, p. 321 apud CARROZZA, Antonio; ZELEDÓN, Ricardo Zeledón. CARROZZA, Antonio; ZELEDÓN, Ricardo Zeledón. *Teoría general e institutos de derecho agrario*. Buenos Aires: Astrea, 1990.

CARROZZA, Antonio; ZELEDÓN, Ricardo Zeledón. *Teoría general e institutos de derecho agrario*. Buenos Aires: Astrea, 1990.

CIOMMO, Francesco Di. *Efficiencia allocativa e teoria giuridica del contratto*: Contributto allo studio dell'autonomia privata. Torino: Giappichelli, 2012.

COMPARATO, Fabio Konder. Função social da propriedade dos bens de produção. *Revista de Direito Mercantil, Industrial, Econômico e Financeiro*, São Paulo, v. 25, nº 63, p. 71-79. jul./set. 1986.

–. Perfis da empresa – Alberto Asquini, profili dell'impresa. Rivista del Diritto Commerciale, 1943, v. 41, I, (tradução). In *Revista de Direito Mercantil, Industrial, Econômico e Financeiro*. São Paulo, v. 35, nº 104, p. 109-126, out./dez. 1996.

COSTA, Nilton César Antunes da. A convenção de arbitragem no contrato de adesão. *Revista de Arbitragem e Mediação*, São Paulo, v. 3, nº 8, p. 119-141, jan./mar. 2006.

COUTO E SILVA, Clóvis de. Contrato de Engeneering. *Revista dos Tribunais*, São Paulo: Ed. Revista dos Tribunais, ano 81, v. 685, p. 33, nov. 1992.

DAVIS, J. H.; GOLDBERG, R. A. "*A Concept of Agribusiness*". Division of Research. Graduate School of Business Administration. Harvard University, Boston, 1957.

EGGERTSSON, Thráin. *Economic Behaviour and institutions*. Cambridge: Cambridge University Press, 1990. Disponível em <http://library.fa.ru/files/Eggertsson1.pdf>, p. 38. Acesso em 10.10.2016.

EZIDIO, Aldo. Confiança em pauta. *Revista Opiniões* – o amadurecimento do fomento florestal, Ribeirão Preto: WDS Editora, 2014.

FAUSTI, Scott W.; DIERSEN, Matthew A.. The Voluntary Reporting System's Ability to Provide Price Transparency in the Cash Market for Dressed Steers: Evidence from South Dakota. *Journal of Agricultural and Resource Economics*, 29, nº 3, p. 553-566, 2004. Disponível em <http://www.jstor.org/stable/40987249>. Acesso em 20.08.2016.

FERNANDEZ, José A. Navarro et. al. *Introdución al Derecho Agrario*. Valencia: Tirant, 2005.

FERRAZ JR, Tércio Sampaio. *Introdução ao Estudo do Direito*. 3ª ed. São Paulo: Atlas, 2001.

FERREIRA, Marcus Vinicius Vita Ferreira. Da validade da convenção arbitral em contratos de adesão decorrentes de relação de consumo e a recente jurisprudência do STJ. *Revista de Arbitragem e Mediação*, v. 37, p. 503-515, abr.-jun./2013.

FISCHER, Augusto. O fomento na indústria de base florestal. *Informe Gepec*, Toledo, v. 13, nº 2, p. 6-19, jul./dez. 2009.

FONSECA, Saulo Fonseca. Fomento como modelo de negócio e certificação como valor de sustentabilidade. *Revista Opiniões* – o amadurecimento do fomento florestal, Ribeirão Preto: WDS Editora, 2014.

FORGIONI, Paula A. *Os fundamentos do antitruste*. 7ª ed. São Paulo: Ed. Revista dos Tribunais, 2014.

FORGIONI, Paula A. Tullio Ascarelli e os contratos de Distribuição. In AZEVEDO, Antônio Junqueira de et. al (org.). *Princípios do Novo Código Civil Brasileiro e outros temas – Homenagem a Tullio Ascarelli*. São Paulo: Quartier Latin, 2008.

GALLONI, Giovanni. *Commentario del codice civile Scialoja-Branca*. GALGANO, Francesco (a cura di). Bologna: Zanichelle, 2003.

GAMBARRO, Francisco. Causa y Contrato. In _____. *El Contrato em El Sistema Jurídico Latino Americano*. Bogotá: Universidad Federal de Colômbia, 1998.

GHESTIN, Jacques. *Cause de l'engagement et validité du Contrat*. Paris: LGDJ, 2006.

GLOBAL AGRIBUSINESS FÓRUM 2014. *Consenso do Agronegócio*. Disponível em <http://www.globalagribusinessforum.com/consenso-do-agronegocio>. Acesso em 15.09.2014.

GODOY, Claudio Luiz Bueno de. *Função social do contrato:* os novos princípios contratuais. São Paulo: Saraiva, 2004.

GOGLIANO, Daisy. A função social do contrato: causa ou motivo. *Revista da Faculdade de Direito da Universidade de São Paulo*, São Paulo, v. 99, p. 153-98, 2004.

GOMES, Orlando. *Contratos*. Rio de Janeiro: Forense, 2009.

GRASSI NETO, Roberto. Contratos agrários: da antiguidade às legislações contemporâneas. *Revista de Ciencias Jurídicas*, San José, nº 130. p. 13-42, 2013.

GRAU, Eros Roberto. *Porque tenho medo dos Juízes* (a interpretação/ aplicação do direito e os princípios). 5ª ed. São Paulo: Malheiros, 2009.

HENNESSY, David A. Information Asymmetry as a Reason for Food Industry Vertical Integration. *American Journal of Agricultural Economics* 78, nº 4, p. 1034-1043, 1996. Disponível em <http://www.jstor.org/stable/1243859>. Acesso em 20.08.2016.

HIRONAKA, Giselda Maria Fernandes Novaes. A função social do contrato. *Revista de Direito Civil, Imobiliário, Agrário e Empresarial*, São Paulo, v. 12, nº 45, p. 1412--1452, jul./set. 1988.

IRTI, Natalino. *Diritto Agrario Italiano*. UTET: s.n, s.d.

JOSSERAND, Louis. *Essais de téléologique juridique I:* De l'esprit des droits et de leur relativité. Theorie dite de l'abus de droits. 2ª ed. (reimpressão da publicação de 1939). Dalloz: Paris, 2006.

LEITE, Carlos Henrique Bezerra. A terceirização e o papel do Ministério Público do Trabalho. *Revista de Direito do Trabalho*, São Paulo, v. 27, nº 103, p. 27-43, jul./set. 2001.

LEMOS, Patrícia Faga Iglesias. *Direito ambiental:* responsabilidade civil e proteção ao meio ambiente. 2ª ed. São Paulo: Ed. Revista dos Tribunais, 2008.

–. *Meio Ambiente e responsabilidade do proprietário:* análise do nexo causal. São Paulo: Ed. Revista dos Tribunais, 2008.

LETO,.Angelo Piraino. *I Contratti atipici e innominati*. UTET: Torino, 1974.

LOPEZ, Tereza Ancona. Princípios Contratuais. In FERNANDES, Wanderley (coord.). *Contratos empresariais:* Fundamentos e Princípios dos Contratos Empresariais. São Paulo: Saraiva, 2007.

MACDONALD, James M. Technology, Organization, and Financial Performance in U.S. Broiler Production, by, USDA. *Economic Research Service*, june 2014. Disponível em <http://www.ers.usda.gov/amber-waves/2014-august/financial-risks-and-incomes-in-contract-broiler-production.aspx#.V72ufpgrKCg>. Acesso em 20.08.2016.

MACDONALD, James; KORB, Penni. Agricultural Contracting Update, EIB-35. *Economic Research Service*/USDA, 2005. Disponível em <http://www.ers.usda.gov/media/210639/eib35_1_.pdf>. Acesso em 20.08.2016.

MARINO, Francisco Paulo de Crescenzo. *Contratos Coligados no Direito Brasileiro.* São Paulo: Saraiva, 2009.

MARKY, Thomas. *Curso elementar de Direito Romano.* 8ª ed. São Paulo: Saraiva, 1995.

MARQUES, Maria Beatriz Loureiro de Andrade. *Novas Figuras Contratuais.* Tese de Doutorado. Faculdade de Direito da USP, São Paulo, 2005.

MARTINS, Fran. *Contratos e obrigações comerciais.* Rio de Janeiro: Forense, 1969.

MARTINS, Sergio Pinto. O franchising como forma de terceirização.
Revista de Direito do Trabalho, São Paulo, v. 25, nº 95, p. 33-42, jul./set. 1996.

MATTIA, Fabio Maria de. Empresa agraria e estabelecimento agrário. *Revista de Direito Civil, Imobiliario, Agrario e Empresarial*, São Paulo, v. 19, nº 72, p. 50, abr./jun. 1995.

—. A modernidade dos contratos agrários. *Revista da Faculdade de Direito da Universidade de São Paulo*, São Paulo, v. 99, p. 124, 2004.

MAZZUCATO, Paolo Zupo. Da notificação de contratos de fornecimento e de distribuição ao sistema brasileiro de defesa da concorrência. *Revista do IBRAC – Direito da Concorrência, Consumo e Comércio Internacional*, v. 19, p. 173-221, jan.-jun./2011.

MELLO, Marcos Bernardes de. *Teoria do fato jurídico:* plano da validade. 11ª ed. São Paulo: Saraiva, 2011.

MESSINEO, Francesco. *Il Contratto in Genere.* Milano: Giuffrè, 1973. Tomo primo.

MONTEIRO, Washington de Barros et. al. *Curso de Direito Civil, 5:* Direito das obrigações. 40ª ed. São Paulo: Saraiva, 2013.

MOREIRA, Carlos Roberto Barbosa. A defesa do consumidor em juízo. *Revista de Processo.* São Paulo, v. 16, nº 61, p. 178-186, jan./mar. 1991.

OPITZ, Osvaldo; OPITZ, Silvia. *Princípios do Direito Agrário.* Rio de Janeiro: Borsoi, 1970.

OPPO, Giorgio. *Diritto dell'impresa.* Milane: CEDAM, 1992.

PAIVA, Nunziata Stefania Valenza. Contornos jurídicos e matizes econômicas dos contratos de integração vertical agroindustriais no Brasil. *Revista de Direito Mercantil, Industrial, Econômico e Financeiro,* ano XLV, v. 144, p. 84-106, 2006.

PONTES DE MIRANDA, Francisco Cavalcanti. *Tratado de Direito Privado.* 3ª ed. Rio de Janeiro: Borsoi, 1970. Tomo IV.

PRADO FILHO, José Ignácio Ferraz de Almeida. Controle concorrencial preventivo de negócios jurídicos verticais: a experiência recente do cade no controle estrutural de contratos de fornecimento. *Revista do IBRAC – Direito da Concorrência, Consumo e Comércio Internacional,* v. 19, p. 223-270, jan.-jun./2011.

REALE, Miguel. *Função Social do Contrato.* Disponível em <http://www.miguelreale.com.br/>. Acesso em 15.03.2016.

REZEK, Gustavo Elias Kallas. *Imóvel agrário:* agrariedade. Ruralidade e rusticidade. Curitiba: Juruá, 2007.

ROPPO, Enzo. *O Contrato.* Coimbra: Almedina, 2009.

ROPPO, Vicenzo. *Diritto Privato.* 4ª ed. Torino: G. Giappichelli, 2014.

–. Il *Contratto del Duemila.* 3ª ed. Torino: Gippichelli, 2011,

SALARIS, Fernando. Problematiche dell'interpretazione dei contratti agrari. *Rivista di Diritto Agrario,* Milano, v. 74, nº 1, p. 47, genn./marz. 1995.

SALOMÃO FILHO, Calixto. Função social do contrato: primeiras anotações. In *Revista de Direito Mercantil, Industrial, Econômico e Financeiro,* São Paulo, v. 42, nº 132, p. 7-24, out./dez. 2003.

–. Sociedade cooperativa e disciplinada concorrência. *Revista de Direito Mercantil, Industrial, Econômico e Financeiro,* São Paulo, v. 32, nº 90, p. 27-37, abr./jun. 1993.

SCAFF, Fernando Campos. A empresa e o direito agrário. *Revista de Direito Civil, Imobiliário, Agrário e Empresarial,* São Paulo, v. 15, nº 57, p. 58-63, jul./set. 1991.

–. A função social dos imóveis agrários. *Revista dos Tribunais,* São Paulo, v. 94, nº 840, p. 107-113, out. 2005.

–. *Origens, evolução e biotecnologia.* São Paulo: Atlas, 2012.

–. *Teoria Geral do Estabelecimento Agrário.* São Paulo: Ed. Revista dos Tribunais, 2001.

SCHROETER, John R.; AZZAM, Azzeddine M.; AIKEN, J. David. Anti-Corporate Farming Laws and Industry Structure: The Case of Cattle Feeding. *American Journal of Agricultural Economics,* 88, nº 4, p. 1000-1014, 2006. Disponível em < http://www.jstor.org/stable/4123542>. Acesso em 20.08.2016.

SCIRIOLLI, Marcelo. *Direito de Propriedade:* evolução, aspectos gerais, restrições, proteção, função social; Política agrária: conformação, instrumentos, limites. São Paulo: Juarez de Oliveira, 2007.

SOLDEVILLA, Antonio. La empresa agraria como núcleo central y vehículo del derecho agrario actual y para el siglo XXI. *Revista Argentina de Derecho Agrario y Comparado*, Rosario, v. 2, nº 2, p. 99, jul. 1993.

SOUZA, Pablo Gregório. Conflito de interesses. *Revista Opiniões* – o amadurecimento do fomento florestal, Ribeirão Preto: WDS Editora, 2014.

STAJN, Rachel. *Teoria Jurídica da Empresa*. São Paulo: Atlas, 2004.

TEPEDINO, Gustavo. Contornos Constitucionais da propriedade Privada. In: _____. *Temas de Direito Civil*. 4ª ed. Rio de Janeiro: Renovar, 2008.

THEODORO JR, Humberto. *O contrato e sua função social*. 4ª ed. Rio de Janeiro: Forense, 2014.

TRAISCI, Francesco Paolo. I contratti di integrazione verticale in agricoltura in Francia, Germania e Italia. *Rivista di Diritto Agrario*, Milano, v. 71, nº 4, p. 551-594, ott./dic. 1992.

TRENTINI, Flávia. *Teoria Geral do Direito Agrário Contemporâneo*. São Paulo: Atlas, 2012.

U.S. MINISTERY OF JUSTICE. *Competition and Agriculture*: Voices from the Workshops on Agriculture and Antitrust Enforcement in our 21st Century Economy and Thoughts on the Way Forward. May, 2012.

Disponível em <https://www.justice.gov/sites/default/files/atr/legacy/2012/05/16/283291.pdf>. Acesso em 15.10.2016.

VASCONCELOS, Pedro Pais de. *Contratos atípicos*. Tese de Doutorado. Almedina: Coimbra, 2009.

VAZ, Gilberto José. Breves considerações sobre os dispute boards no direito brasileiro. *Revista de Arbitragem e Mediação*, v. 10, p. 165-171, jul.-set./2006.

VERÇOSA, Haroldo Malheiros Duclerc. *Contratos Mercantis e a Teoria Geral dos Contratos* – O Código Civil de 2002 e a Crise do Contrato. São Paulo: Quartier Latin, 2010.

VERONZE, Alzemar José. O empreendedor rural e a cadeia florestal. *Revista Opiniões* – o amadurecimento do fomento florestal, Ribeirão Preto: WDS Editora, 2014.

WALD, Arnoldo. A arbitragem contratual e os dispute boards. *Revista de Arbitragem e Mediação*, v. 6, p. 09-24, jul.-set./2005.

–. Dispute Resolution Boards: Evolução Recente. *Revista de Arbitragem e Mediação*, v. 30, p. 139-151, jul-set/2011.

WAMBIER, Luiz Rodrigues. Contratos agrários: restrições ao princípio da autonomia da vontade. *Revista de Direito Civil, Imobiliário, Agrário e Empresarial*, São Paulo, v. 12, nº 45, p. 106-109, jul./set. 1988.

WEBER, Max. *História Agrária Romana*. Tradução de Eduardo Brandão. São Paulo: Martins Fontes, 1994.

ZELEDÓN, Ricardo Zeledón. Integración Vertical em Agricultura y Contrato agroindustrial. In CARROZZA, Antonio; ZELEDÓN, Ricardo Zeledon. *Teoria General e institutos de derecho agrário*. Astrea: Buenos Aires, 1990.

–. *Sistemática del Derecho Agrario*. Mexico: Porrúa, 2002.

ZYLBERSTAJN, Décio. Conceitos gerais, Evolução e Apresentação do Sistema Agroindustrial. In: _____. *Economia dos Negócios Agroalimentares: Indústria de Alimentos, Industria de insumos, Produção Agropecuária e Distribuição*. Décio Zylbestajn; Marcos Fava Neves (orgs). São Paulo: Pioneira, 2000.

–. Conceitos gerais. Evolução e Apresentação do Sistema Agroindustrial. In: ZYLBESTAJN, Décio; NEVES, Marcos Fava (orgs). *Economia dos Negócios Agroalimentares*: Indústria de Alimentos, Indústria de insumos, Produção Agropecuária e Distribuição. São Paulo: Pioneira, 2000.

ÍNDICE

PREFÁCIO	7
AGRADECIMENTOS	11
SUMÁRIO	13

INTRODUÇÃO   17

CAPÍTULO 1 – Elementos do Direito Agrário Moderno   25

CAPÍTULO 2 – Contratos Agrários e Contratos Agroindustriais: Delineamentos Jurídicos   47

CAPÍTULO 3 – Teoria Geral dos Contratos Atípicos e sua Aplicação aos Contratos Agroindustriais   75

CAPÍTULO 4 – Os Contratos Agroindustriais e sua Relação com os Contratos Típicos   119

CAPÍTULO 5 – Contratos Agroindustriais de Integração Vertical: Análise das Obrigações Estabelecidas na Lei nº 13.288/2016 à Luz dos Elementos do Direito Agrário Atual   163

CONSIDERAÇÕES FINAIS   199

REFERÊNCIAS	203
ÍNDICE	211